# 通往可持续环境保护之路

## UASB之父Gatze Lettinga的厌氧故事

［荷］赫兹·莱廷格（Gatze Lettinga） 著

宫 徽 盘德立 王凯军 译

化学工业出版社

·北京·

《通往可持续环境保护之路——UASB之父Gatze Lettinga的厌氧故事》包括了Lettinga教授对自己学术生涯中的经历、取得成果的高度概括性评价。通过本书Lettinga教授希望传达给人们一个观点,即当代高效固体厌氧消化技术和废水厌氧处理技术及其系统具有巨大应用潜力。本书通过作者的论述,希望提高人们对"可持续发展"理念的认识,因为在当前社会,这个词经常被严重误解。通过本书对诸多正规历史片断的回忆反思,作者讨论了"环境保护"和"可持续发展"两个领域的诸多重要议题;同时作者也对在其职业生涯中做出诸多贡献的人们表达了谢意。

本书可供市政工程、环境工程等领域的工程技术人员、科研人员和管理人员参考,也可供高等学校相关专业师生及广大环保爱好者参阅。

## 图书在版编目(CIP)数据

通往可持续环境保护之路——UASB之父Gatze Lettinga的厌氧故事/[荷]莱廷格(Lettinga,G.)著;宫徽,盘得利,王凯军译.—北京:化学工业出版社,2015.10(2021.9重印)
ISBN 978-7-122-25129-9

Ⅰ.①通…　Ⅱ.①莱…②宫…③盘…④王…　Ⅲ.①莱廷格,G.的厌氧故事②环境保护-可持续性发展-研究　Ⅳ.①K835.636.15②X22

中国版本图书馆CIP数据核字(2015)第210173号

本书中文版由原著作者Gatze Lettinga通过王凯军教授授权化学工业出版社独家出版发行。

未经许可,不得以任何方式复制或抄袭本书的任何部分,违者必究。

---

责任编辑:刘兴春　刘　婧　　　　　　　装帧设计:史利平
责任校对:宋　玮

出版发行:化学工业出版社(北京市东城区青年湖南街13号　邮政编码100011)
印　　装:北京瑞禾彩色印刷有限公司
710mm×1000mm　1/16　印张14¼　字数221千字　2021年9月北京第1版第2次印刷

购书咨询:010-64518888　　　　　　　　售后服务:010-64518899
网　　址:http://www.cip.com.cn
凡购买本书,如有缺损质量问题,本社销售中心负责调换。

---

定　价:148.00元　　　　　　　　　　　　　　　　版权所有　违者必究

# 序

说起近代厌氧生物技术的发展,不能不提到荷兰瓦赫宁根大学(Wageningen University)Gatze Lettinga教授的历史性贡献。20世纪70年代及以后十几年,Lettinga教授及其团队先后发现了颗粒污泥现象、研发出上流式厌氧污泥床(UASB)和膨胀颗粒污泥床(EGSB)反应器,开创了环境生物技术的新时代。此后,他们对厌氧技术的基本理论及其在废弃物作为资源和能源回收的更广泛领域进行了深入的研究,建立了厌氧生物技术研究的系统理论和方法,生物自固定的颗粒化技术也被开创性地用于好氧生物技术中,这些研究在可持续发展的环保领域具有划时代的和世界范围的影响,实践已经证明,厌氧技术是可持续发展的核心技术。

中国是关注近代厌氧技术最早的国家之一,也是从厌氧技术中受益最大的国家。从厌氧反应器技术用于废水处理开始,到农业固废的综合利用、以废弃物为原料的大规模能源生产工厂;从废水产生的沼气发电,到以畜禽粪便、发酵醪液、餐厨垃圾和农业秸秆为原料的大型人造天然气的能源生产,中国已经拥有世界最大的环境厌氧技术和生物质能源生产的产业化规模,也是最先进的厌氧技术实践的最大场所。这一切离不开中国几代环境人的努力,也得益于Lettinga教授的开创性研究和向世界无私公开的技术发明。Lettinga教授和中国的厌氧界有着很深的渊源,有关他和中国的故事,在这本《通往可持续环境保护之路——UASB之父Gatze Lettinga的厌氧故事》里有真切的描述。本书回顾了Lettinga教授在其学术生涯中取得的成果,展现了当代高效固体厌氧消化技术和废水厌氧处理技术的巨大应用潜力,意在提高人们对"可持续发展"理念的认识,对中国读者有很高的参考价值。

本书译者之一是Lettinga教授当年的博士研究生、清华大学王凯军教授,在本书重印之际,凯军教授嘱我为本书作序。我作为与凯军当年在Lettinga教授厌氧实验室共同度过一段难忘时光的同事和玩伴,也作为得到Lettinga教授教诲的普通研究人员，感到责无旁贷。在此向给予我友谊和无私帮助的Lettinga教授表示敬意与感谢，我从Lettinga教授身上学到的不仅是学问，更是科学研究的求实创新精神与开放合作的态度，相信很多与Lettinga教授交往过的人都有类似的感受。

应该说，在Lettinga教授研究UASB和颗粒化现象的20世纪70年代，中国国内的厌氧研究已经很活跃。就我有限的了解，北京、上海、浙江、四川与广东等地对厌氧技术的研究热情很高，我国的沼气微生物学和农村沼气的研究取得相当不错的成绩，农村沼气的研究甚至受到联合国的重视。Lettinga教授在厌氧技术的研究进展很快引起了中国研究者的特别注意，我也是其中之一。

为此我和凯军于20世纪90年代初相遇在Lettinga教授的厌氧实验室。这里是一个小小的"联合国"，时常有来自二三十个国家的研究人员和留学生聚集在一起，气氛宽松融洽、活泼愉快。实验室富有学术自由的空气，大家随时可以轻松讨论，每月还有全体人员参加的学术会议，研究者讲述阶段性的研究，其形式与小型的国际学术会议无异。Lettinga教授平易近人，他真正关心异国他乡来的研究者。记得国际厌氧技术培训班在"国际农业中心"（IAC）进行，Lettinga教授特意让我和凯军的同事杨一平先生免费参加这个为期三周的培训班，我们还与来自Paques公司的张巍博士成为"同学"，他回国后成为Paques（上海）公司的负责人。培训班期间我们还实地考察了多个荷兰的环境工程。

Lettinga教授待人谦和有礼，又幽默风趣，他不是高人一等的"领导"，而是兄长般的朋友。本书的照片（图9-1）或可以作为一个例子，在这个环境系的合照里，领导和教授并非正襟危坐在前排正中，大家都随意地席地而坐，中国大陆来的凯军、杨一平和我，以及中国台湾来的胡庆祥、熊家明也在其中。在这个实验室我们与各国的研究者结识，成为很好的朋友。我也多次接待过从国内来此参观的研究者，甚至还有国内的代表团。由Lettinga教授建立起的中国和荷兰之间的学术联系，乃至在他的直接和间接帮助下，我们与其他国家学术界、工业界建立的密切联系和交流，对我国环境生物技术的发展仍在持续发挥着重要作用。如凯军教授一样，还有更多受到Lettinga教授启发和帮助的研究者，不少人成为环境和能源领域的杰出人物，他们在中国乃至国际上的创新研究与工业化实践，证明了厌氧生物技术是可持续发展核心技术，它无疑将在我国实现碳达峰和碳中和的历史性进程中持续发挥重大作用！

大约在2002年Lettinga教授退休，我和凯军联名寄去礼品表达敬意。此后

Lettinga教授仍数次来到中国。2009年，我和凯军以及巴西的Mario Kato教授联合召开了"厌氧生物技术发展战略研讨会"，Lettinga教授以及欧亚美20多个国家和国内的知名专家前来参加。同年，Lettinga教授获得"李光耀水奖"，这是他继获得"泰勒环境奖"后的又一大奖，凯军和我应邀参加了在李光耀总统府举办的宴会和授奖仪式。2011年，我和Lettinga教授相逢在巴西参加第十届拉美厌氧消化会议，并应Mario Kato教授的邀请前往美丽的热带城市累西腓讲学和度假。2013年，凯军和我参加了西班牙巴塞罗那大学授予Lettinga教授荣誉博士的隆重聚会，我俩一起用ppt向与会宾客回顾了Lettinga教授在包括日本、中国在内的"亚洲故事"。2015年我和凯军教授又前往荷兰参加瓦赫宁根大学环境系的庆典活动，与许多活跃在世界各地老朋友相逢。在离开瓦赫宁根大学后的多年，我们一直与许多朋友有着密切的学术交往，这成为我们学术生涯的宝贵财富。

本书2015年在北京首次出版时，我参加了凯军教授组织的新书发布会和小型的学术会议，并陪同Lettinga教授夫妇在大雪天参观了曲阜孔庙。我很高兴看到本书的重印，相信读者从本书里不仅会发现有趣的故事，也能从中看到科技创新之路的酸甜苦辣，并从中受到启示。

贺延龄<br>
2021年7月20日于西安

## 译者的话

我的博士导师赫兹·莱廷格（Gatze Lettinga）教授是升流式厌氧污泥床反应器（UASB）的发明人。作为国际厌氧生物技术领域的知名学者，曾获得素有"环境科学诺贝尔奖"之称的美国"泰勒环境奖"（John and Alice Tyler Ecology Award），并于2009年6月获得了第二届新加坡李光耀水奖。对于Lettinga教授最突出的贡献——研发UASB(EGSB)技术，他却并未将其作为个人专利保护起来，而是将这一技术公开，并且明确声明"UASB反应器概念对所有人都是公开的，特别是对发展中国家的人民，这是我一直期望的"。

Lettinga教授不仅对世界厌氧技术的发展做出了卓著的贡献，对中国厌氧技术的推动和促进也影响深远。时光荏苒，回想我与Lettinga教授的相识已是29年前，恰逢1986年在我国广州举办第三届国际厌氧消化会议，Lettinga教授第一次访问中国。作为世界著名学者，Lettinga教授风采卓越，知识渊博，平易近人，给我留下了深刻的印象。二十几年前，我作为一个刚刚研究生毕业、步入厌氧领域不久的年轻环保工作者，当时贸然邀请他会议结束后到北京参观我们的中试实验。没想到他欣然应允，甚至推迟了与有关部门的晚宴，到北京东郊参观现场。在当时能与大师有面对面的交流机会，并且研究的成果能够得到大师的认可，我备受鼓舞。从此之后，Lettinga教授也和中国结下了不解之缘。20世纪90年代农业部、沼气协会和清华大学等院所多次邀请Lettinga教授来华讲学，教授每次都欣然接受；一直到2009年11月份，Lettinga教授还以七十多岁高龄，不辞旅途劳顿，专程赶来参加了清华大学、西安交通大学和巴西Pernambuco联邦大学在北京、西安举办的系列厌氧会议，以实际行动支持我国厌氧技术的发展，展现了一位国际学术大师对于事业的追求和博大的国际主义精神。

在过去30年间，我也有幸与Lettinga教授结下了深厚的师生之谊。在早期访问中国时，每当探讨起三相分离器的设计等UASB的关键技术时，Lettinga教授却并未进行过深入解答，他表示UASB技术是实际应用的问题，如果想深入了解UASB技术，今后有机会中国可以选人到荷兰进行实地学习。很多人对此不理解，误以为Lettinga教授对技术保密。我有幸于1991年前往荷兰Wageningen农业大学攻读博士学位，成为Lettinga教授的第一个也是唯一的来自中国大陆的博士生，这机会对我来说弥足珍贵，但不巧的是，我博士课题的研究方向并不是UASB(EGSB)技术。即便如此，Lettinga教授依然一直默默履行着对中国厌氧事业的承诺。我在荷兰学习期间，凡是有企业邀请他进行现场指导，Lettinga教授都会亲自驱车带我一同前往。正是通过几年在现场大量潜移默化的经历，间接使我对UASB技术有了全面、本质和深刻的了解，回国后我义无反顾地承担起UASB技术在中国产业化研究和推广工作。中国高效厌氧技术研究与应用始于20世纪80年代初期，郑元景、钱易等在采用UASB技术处理高浓度有机废水方面是第一代的开拓者。其后，我国胡纪萃、申立贤等研究者先后建立了不同类型废水的厌氧示范工程。但直到20世纪90年代中期，我们在UASB工艺的反应器设计、三相分离器、布水等关键技术的掌握和颗粒污泥培育上的问题都没有得到系统解决。90年代中期，我和左剑恶教授、贺延龄教授组成的第三代厌氧研究团队与山东十方环保公司共同承担了国家的产业化攻关课题，形成了相对完备的技术体系，进行了多领域、大范围的推广。其中十方公司到目前为止，建立了将近400多个UASB和EGSB反应器的工程，厌氧技术在中国迅速推广得益于这一工作。2009年的时候，我们在西安向Lettinga教授汇报这一工作，他认为十方公司的工作目前是世界上较大的和成功的对厌氧技术的推广。同样，我在项目结束时秉承Lettinga教授的教导，说服研究团队将UASB的成果在《UASB工艺的理论与工程实践》一书中全部公布，期冀也能为我国厌氧技术的发展略尽绵薄之力。

回顾中国厌氧技术发展的30年，很多专家学者为此做出了卓越的贡献，我与Lettinga教授横跨3个10年的交往仅仅是中国厌氧技术发展的一个缩影，更是Lettinga教授带着环保工作者的高尚情怀，以为全人类谋求共同福祉为宗旨，在以厌氧过程为核心的可持续环境保护道路上辛勤耕耘的一个缩影。可以说，Lettinga教授40余年的学术生涯已经成为世界现代高效厌氧技术发展史的另一个注脚。本书正是Lettinga教授在77岁高龄，花费2年多时间，基于历史见证者的经历和过来人的思考，通过高度概括评价自身历史，倾心写作而成的自传型著作。本书既包含厌氧技术领域的学术价值，也蕴含了Lettinga教授一生的哲学思考和智慧结晶。书中Lettinga教授传达了自己的观点，即当代高效固体厌氧消化技术和废水厌氧处理技术及其系统具有巨大应用潜力，并鼓励人们通过应用厌氧技术，最终找到通向可持续环境保护的道路。可以预见，Lettinga教授的经验和见解，不仅有助于人们正确理解"可持续发展"理念，也将有益于促进我国建设可持续发展社会和发展生态文明。

Lettinga教授把自己的技术发明公开给全世界，力主环境技术要为全人类服务，人格魅力影响一代人。不仅如此，Lettinga教授在学术生涯末期，怀着为人类做出最终贡献的胸怀，尝试对其漫长经验进行回顾和总结，这并不是一项简单的工作。在2013年的春节，我与山东十方的企业家甘海南有幸前往阿姆斯特丹拜访Lettinga教授。Lettinga教授一方面自谦这份自传性质人生总结的价值，另一方面也坦承写著此书的困难。作为教授指导过的学生，在自身也从事了多年环保事业后，我也借此机会与Lettinga教授探讨了为何在世界范围内普遍存在可持续环境保护发展的阻碍，同时建议不妨以超越技术的眼光来叙述和解读Lettinga教授硕果累累的一生。在重新梳理了思路后，Lettinga教授在书中不仅介绍了诸多历史细节，更为读者展示了历史背后的故事。教授开发颗粒污泥的背后发生了什么？创新技术的应用为何会遇到社会阻力？为什么厌氧技术在工业领域比在市政领域发展顺利？为何无论荷兰还是中国，促进可持续环境保护措施施行的事情进展不尽如人意？教授为何对环境领域的专利申请持有一贯的否定看法？如何在环境保护过程中借鉴和追求自然过程对人类的启发？什么才是真正的创新而非只是追求"publish or perish"发表文章？以上诸多问题，相信同样困扰过很多人。教授贯穿本书的相关论述、丰富的经历、毕生的践行和对这些问题的思考，或许比技术本身更有意义，可以带给中国读者更多的启示。

作为中国的环境保护从业者，本书的翻译是向国际大师环境保护情怀的致敬。Lettinga教授桃李遍全球，并对推动我国厌氧技术发展倾注了大量心血，作为受益受教于导师教诲并同样致力于环境保护事业的学生，本书的翻译也是向传道授业师承情谊的致谢。本书初稿的第1～5章、第11章由宫徽翻译，第6～9章由盘德立翻译，第10～11章由王凯军翻译。王凯军校核了全书。华中科技大学的研究生袁鹏参与过第2、第3章的部分翻译工作。

限于译者水平和时间，不足之处请广大读者朋友批评指正。

王凯军

2015年9月于清华大学环境节能楼

# 目录
## CONTENTS

- 第一章 ▶ 引言 ················································· 1
- 第二章 ▶ 根源 ················································· 11
- 第三章 ▶ UASB 系统在工业废水处理领域的研发和应用 ············ 31
- 第四章 ▶ 下一代 UASB 反应器，EGSB 系统或其他系统？ ············ 53
- 第五章 ▶ 进一步阐明厌氧废水处理机理——应用拓展 ··············· 65
- 第六章 ▶ 高效厌氧污水处理技术在公共卫生领域的应用需求 ········· 93
- 第七章 ▶ 高效厌氧污水处理在温暖（亚）热带地区的应用 ············ 103
- 第八章 ▶ 在优化分散处理和回用生活污水和城市污水（DeSaR）模式上的进展 ··············· 125

| | | |
|---|---|---|
| 第九章 | 厌氧污水处理的成熟期 | 139 |
| 第十章 | 互补性的后处理和资源回收处理系统 | 171 |
| 第十一章 | 坚持走可持续发展道路 | 183 |
| 后　记 | | 196 |
| 致　谢 | | 198 |
| 附录Ⅰ | 名称缩写列表 | 199 |
| 附录Ⅱ | Lettinga教授指导的历年博士生名单 | 204 |

参考文献 ……………………………………… 207

译后记 ………………………………………… 208

# CHAPTER ONE

# 第一章

# 引 言

## 一、本书的写作动机

穷毕生之力，我一直致力于发展可持续环境保护工作。在本书中，我尝试对自己学术生涯中所经历的事情、取得的成果做一个概括性的评价。通过写作本书，我希望传达给人们一个观点，尤其是对青年人、企业家和学者，特别是来自发展中国家的人们，即当代高效固体厌氧消化技术和废水厌氧处理技术及其系统具有巨大应用潜力。我希望本书能鼓励他们通过应用厌氧技术，最终找到通向可持续环境保护的道路。

我从瓦赫宁根大学退休迄今已经12年多了，通过本书写作过程所付出的努力，希望可以对现在的和未来的、应用科学领域的和技术研发领域的研究者们提供一些观点和说明。如果可能的话，在更广阔的可持续发展意义层面，或许能对政策制订者们产生些影响。本书的另一个价值在于，避免历史上已经取得的、应受珍视的视野、理念和科学技术成就仅仅因为眼下过分追求创新的"潮流"而被错误的抛弃。如今，我已经到了77岁的年纪，某种意义上讲，希望自己这份最后的努力能为人类未来发展做出微薄贡献。至少，正是这份希冀激励我写完了本书。此外，本书也给我提供了一个宝贵机会，向那些在我职业生涯中做出诸多贡献的人们表达谢意。最后，我希望本书多多少少能提高人们对"可持续发展"理念的认识，毕竟这个词经常被严重的误解。

毫无疑问，我的职业生涯伴随着技术、应用科学和社会经济等各个层面的交互影响和作用。在整个生涯中，我一直饶有兴致地思考以下问题："为什么、如何以及怎样理解可持续发展理念"，以及"在谋求可持续发展的道理上，我们为何会面对如此多的人为障碍和阻力，以及如何才能克服之"。

*没有根基，就没有未来。*

一直以来我都渴望在高等院校中获得学术职位。令人不胜感激，我成功做到了，在瓦赫宁根农业大学（WAU）谋得了一份挑战性的职位。我个人的观点是，若想以服务和贡献社会为目标开展独立或合作性工作，高校是一个完美平台。无论怎样，虽然高校体制明显也有需要提高之处，但在20世纪70年代和80

年代的情况基本是这样的。

我会在后文中介绍一些我与瓦赫宁根大学的具体冲突。因为我相信,了解这些冲突对于在高校内和高校外建立我们所真正需要的学术环境是有帮助的。从认识本质的角度出发,可持续环境保护的含义不仅是提供和维持洁净的自然环境,还涉及其他的内涵,包括实现社会安全和平等、公正,以及理解社会运行机制的高质量民主等。这些内涵毫无疑问同样适用于生活中的其他领域,比如食品、能源的生产和供应、公民医疗等。

## 二、借助厌氧技术通向更可持续的社会

我了解厌氧学术大家庭中的很多人都持有和我一致的观点,即厌氧消化和厌氧废水技术有助于将目前消费型的社会转变为更可持续的社会。年轻一代和年长一代都认可:①保护环境需要系统方案,需要通过各种可能的技术手段实现水和物质的闭路循环;②只要存在需求,无论何时何地,厌氧消化和厌氧废水处理技术在某种程度上都应该成为这些技术手段的核心。它们组成了生命大循环的自然生物矿化过程(Natural Biological Mineralization,NBM),为新生命创造了基石。为了实现最优的资源保护,NBM过程应该由自然生物合成过程(Natural Biological Synthesis,NBS)所补充。不过我也同时认为,厌氧领域研究者所肩负的任务范围已经愈加宽泛,甚至超越了环境污染控制的局限,指向了社会的可持续发展层面。当然,这份宽泛使命是否能成功达成取决于我们自身的能力和意愿,以及能否通过密切"合作"使我们的视野超越自身的局限性。

1970年我首先在相对狭隘的厌氧废水处理领域开始研究工作,之后不久就开始思考诸多问题,在本书后面的章节我会陈述这部分内容。然而,我故事的主要组成部分是NBM和NBS领域,以及众多元素的生物闭合循环,包括碳、硫、磷、氮、氧和微量元素。正如我们所发现的,一个不能忽视的事实是还原过程,例如生物硫还原($SR_{bio}$)和氧化过程组成的硫循环过程($S_{bio}$-cycle),为实际应用提供了极具挑战的积极可能。例如,通过将含硫化合物转化为生物元素硫,可以用于消除环境中恶臭物质。与其将生物硫还原过程视为令人头疼的问题,不如重视和利用其与硫循环过程中的氧化过程相结合的过程。Cees

Buisman是我2001年退休后瓦赫宁根职位的继任者，同时也是位于Leeuwarden的WETSUS研究中心的主任。他在这个领域做出了突出贡献。在过去的二三十年，厌氧学界的其他研究组也在生物硫循环和氮循环领域的方法学研究和技术研发上贡献良多，例如Juan Lema和Fernando Polanco分别领导的研究组。

## 三、动机虽好，但是为什么以及如何来从事厌氧领域的工作

我曾多次发现，许多厌氧技术的支持者对技术的发展历史知之甚少，尤其是对技术发展背后的内在原因和方式。因此，现在非常有必要追根溯源，更好地介绍厌氧领域的来龙去脉。在过去的数十年，我被反复问及如下问题。

> 诸如UASB和EGSB等高效厌氧技术是如何在这么短的时间内就实现技术突破的？为什么同期的其他技术，即使具有一样的吸引力，最终却没能取得成功？
> 厌氧技术的突破为什么发生在工业污水领域？
> 瓦赫宁根大学为什么又如何成为了该领域的领导者？
> 技术突破的时间点为什么发生在20世纪70年代早期？
> 为什么是你、你又是如何见证和参与了技术突破的发生？
> 你为什么不申请技术工艺专利？为什么不成立自己的公司？

厌氧消化以及厌氧废水处理领域的几位同事希望我能花些精力把我的经历和观点记录下来。我也曾尝试去写了几次，遗憾的是最后总是迷失在繁杂的细节中，写出的文字不能充分"可消化"。我毕竟不是一个职业作家，一旦没有截止期限来督促我，最后竟屡次未能坚持下来。我并不想写一篇冗长的故事，只想总结评价从1970年起我们研究组通过博士生培养和项目研究所取得的主要研究成果。然而在2013年2月我不得不改变了计划。Juan Lema 发来电子邮件，告知我在6月将被Del Santiago大学授予Honoris Causa（HC）荣誉学位，他同时希望我参与随后在Santiago de Compostela召开的第13届厌氧大会。这是我所获得的第三个荣誉学位，在西班牙获得的第二个。这让我觉得本书的写作日程不

能再拖延了。在2001年，Valladolid 大学曾授予我荣誉学位，Fernando Polanco 为"教父"。2010年，希腊Xanthi的Democritus 大学同样授予了我荣誉学位，Alexander Aicasides 为"教父"。毫无疑问，这些荣誉学位是对我，以及瓦赫宁根研究组同事们工作的认可。

我决定把本书视为（事实上我已经这么做了）对过往工作的首次全面评估。但是我的时间太有限了，导致本书的首个版本不能让我满意。令人欣慰的是，Santago的经历极大地鼓舞激励了我，从7月起我重新开始了写作。本书需要不断的后续更新，因为评价和总结工作远远没有全部完成。我希望能找到时间、精力和激情来继续完善，同时也希望退休的同事们参与进来做相同的事情，甚至做一些更有趣的尝试。

## 四、避免抛弃根源

前面我提到了"抛弃根源"，这个现象或许历来有之，但目前已经到了非常严重的地步。抛弃根源引发的后果会很严重，就像一种自发过程难以阻止。人们应该通过尊重社会各个领域的传统来不计代价地阻止其发生。具体在我们专业领域内，需要尊重的传统就涉及厌氧技术。建议读者在脑中先记着这些问题，在后面章节我会挖掘更广、更深的内容。

考虑到厌氧系统发展起步时我自身就处于该领域，因此有必要先介绍一下我自己的渊源，的确有一些非常明确的事因导致我开始从事厌氧领域的研究。追思过去是一件奇妙的事情。万般事情发展起源都要经历类似"黑箱"的过程，我们人类自身的发展就经历着一个充满了无知、神秘、偏见、不公和其他丑陋事物的黑箱。我们对过去追溯越深，就越能发现人类因知识和技能的欠缺而无法从黑箱子脱离，我们对历史真相的了解也越有限，好在人类百折不挠。因此，我们这一代应该怀有感恩之心，是近代的前辈给黑箱带来了光明。诸多难以置信的进展奇迹般的成为现实，帮助我们建设更可持续的社会。

另一方面，回顾历史可以看到，人类为了逃离愚昧黑暗，付出了大量努力，以及艰苦的奋斗。看起来人类现在正走向一个更可持续发展的世界，一个让所有人享受乐趣的世界。无论怎样，伴随着厌氧技术和NBM&S方法的发展，环境保护领域在最近几十年进展颇多。虽然这仅仅是个开端，但我们看起来走在正确的路上。

仅仅大约一个半世纪以前，对于控制环境质量关键因素的认识，人类还处于非常无知的状态。科学领域也尚处于萌芽后的初级发展阶段。微生物学、生物化学、化学、物理等学科的发展尚不成熟。人类尚不了解固体废弃物、废水和受污染水源对人类健康的威胁。即使在华丽的凡尔赛宫里，当时的社会精英们也没有厕所可用。

在过去，对于生活在社会底层的众多人们来说，提升改变他们糟糕的生存环境看起来是几乎不可能的。我最近从书上看到，迄今为止在这个星球上所有生活过的人类中，高达99%的人类不得不尝试在恶劣条件下去谋求生存。即使在当代世界，亦有数十亿极度贫困的人口，仍然生活在触目惊心的恶劣状况中。不过我想，现在的局面不像历史上那样让人绝望。消除社会贫困和摆脱悲惨境地是可能的。以我的观点看，其中一个方法是广泛使用基于厌氧工艺的技术，尤其是确保其得以有效施行。我将会在本书中进一步阐述支撑此观点的理由。

## 五、20世纪70年代以来环境技术的发展历程

自从高效厌氧技术被引入到中、低浓度有机废水处理领域，尤其是1972年UASB工艺发明后，厌氧废水处理技术（AnWT）迅速被社会和业界广泛接受。对于传统院校在污水处理领域培养出来的卫生工程师来讲，这是完全出乎预料的结果。他们对厌氧技术有根深蒂固的偏见，认为其"黑箱"特性难以阐明，且工艺稳定性差，更不要提厌氧过程常伴有的"异味"问题。对他们中的大多数人来讲，受到那个年代荷兰实际情况的限制，他们并不真正对工业废水处理领域发生的进展感兴趣（因为不在其专业视野内），因此也选择对厌氧技术的发展视而不见。那么，当时间来到2013年情况又是怎样呢？事实上，大部分卫生工程师对现代高效厌氧技术的作用和潜力，尤其是其在公共卫生领域的应用潜力依然理解甚浅。无论是历史上，还是现在，卫生工程专业领域的教科书都没能及时更新厌氧领域的研究进展。很明显，教科书的作者们和使用者们都不希望厌氧技术获得其应有的关注，尤其是在推动可持续发展的领域内。这直接

导致的后果是，至今依然只有很少一部分卫生工程师具备足够相关知识和理解。这严重阻碍了现代高效厌氧技术在污水处理领域的应用和推广，我将就此举出一些可以令人清醒的例子。

不过令人欣慰的变化是，在过去30年间，废水处理不再仅仅是卫生工程学科的垄断领域。我们可以看到，越来越多具有良好生物技术背景的专家进入废水处理领域，甚至在社会决策过程中发挥重要作用。不过，这仅仅是工业废水领域的情况，同时也不是世界范围内普遍发生的变化，仍然有很多国家处在陈旧的模式中。传统体制下的旧有集团成功设置了诸多阻碍，防止事情向好的方向发展。然而，我们相信假以时日，历史发展进程终将走上正确的轨迹，毕竟厌氧技术的优势十分明显。不过，这会是一个非常耗时耗力的历程，尤其是期待在公共污水领域发生类似的变化。因为事情不仅是简单利用厌氧技术取代昂贵且不可持续的传统污水处理系统，还需要同时对社会废弃物（包括废水）的收集和运输体系进行大幅度革新。与其说这是技术问题，不如说是社会问题。

在本书中，读者可以从历史的高度了解高效厌氧反应器的历史起源和发展，尤其是UASB和EGSB反应器的前生今世。这些高效厌氧工艺经过研发后可用于处理中、低浓度的废水。通俗地讲，他们可以被视为高效升流化粪池的更新升级。传统的化粪池常用于市政污泥中易生物降解物质的稳定化（矿化）和长期储存。事实上从反应器结构上来讲，新型厌氧反应器并不复杂，不过一旦仔细研究优化其运行，事情就不再像看起来那么简单。事实上，厌氧消化和厌氧废水处理系统具有高度复杂的结构。我们逐渐增长认知，就像慢慢睁开双眼一般，揭示厌氧系统中的奥秘。

这本自传的主线是自然生物矿化和合成（NBM&S）系统，以及为数众多的元素/化合物闭合循环。这是一个令人叹为观止的物质转化路线。其中的矿化部分基于众多复杂厌氧过程而发生，正是这个过程使得矿物元素从死亡有机体释放出来，也正是这个过程使得新的生命历程通过好氧和发酵生物过程再次发生。NBM&S概念与宇宙生命的神秘起源紧密结合在一起。我们人类作为一种可以对环境做出反应的生物，就像希望达到进化的终点一样，渴望阐述清楚这个过程。对于一些人来说，他们很难去真正理解和思考这个问题。但是就现在而言，我认为条件已经成熟。我们应该理解，NBM&S过程是组成可持续环境保护概念的真正基础。这个领域吸引了来自世界各地具有众多学科背景的学者们，他们富有激情，与我一起组成了快速成长的研究组，为我们的科研生涯贡献毕生精力。

高效厌氧技术及其后处理是一个极具前景和令人鼓舞的研究领域，我将描述我在这个领域中所获得的一些经验和体会，例如多个工艺系统是如何以及为什么成功出现的，以及它们是如何和为什么积极影响了我对"可持续发展"这个概念的理解，尤其是对于人类未来何去何从的思考。在故事的开头，我会从各个方面陈述尊重传统渊源的重要性。此外，我会先就我个人的渊源进行介绍，同时也介绍一下厌氧消化技术和厌氧废水技术在环境领域的应用（第一章、第二章），随后是下面的章节。

① UASB、EGSB 和其他高效厌氧处理工艺在工业废水处理领域的研发和成功推广，以及在技术层面和操作层面提高这些工艺的必要性和背景（第三章和第四章）。

② 为了提高运行效果和进一步扩展应用范围，针对厌氧消化和厌氧废水处理工艺所进行的基础理论研究。我将具体介绍我们在此领域所做的努力（第五章）。

③ 厌氧消化及厌氧废水处理技术在公共卫生领域的应用和发展，以及 20 世纪冲水马桶过于轻率的大规模推广所造成的深远影响。因为该系统不仅阻碍了厌氧技术的应用，同时也阻碍了污染物稳定化处理的实现（第六章）。

④ 通过使用更复杂的或者创新的 UASB 和化粪池组合系统，一体式高效厌氧废水处理系统可行性得以成功演示，具体包括热带地区（第七章），以及在中温带地区夏天的使用情况。这为在公共卫生领域应用优化后的厌氧技术开启了一扇门（第八章）。

⑤ 对于 UASB/EGSB 这样的工艺系统，以及厌氧废水处理概念，若希望其在商业化的社会和市场中获得优势地位，不得不付出众多努力，以及大学高校院所为了传播知识，在商业化和产业化方面的努力（第九章）。

⑥ 基于 NBM&S 的互补型后处理技术、资源回收技术和稳定化技术的研发（第十章）。

在本书论述过程中，我有意对工业废水领域和公共市政污水领域进行了区分。从很多角度讲，这两个区域之间都存在巨大差异，尤其是在行业领域内部事宜的规划和管理角度上。如前文所提及，很多事涉及的不仅是技术问题。以我的观点，诸多模糊不清的社会、文化和心理因素阻碍了厌氧技术及理念的推广，而事实上，厌氧技术恰恰是实现可持续环境保护所迫切需要的。所以在本书的部分内容中，在解释应用推广所遇到的阻力和困难时，我时不时会超出自身的专业范畴来讨论这些社会问题。不过，这些论述并不涉及复杂高深的社会理论。而对于技术层面的论述，我认为也希望，即使是专业外的普通人士也可以轻松理解这些内容。这是我的初衷。社会每一位公民都应该知晓这些社会问题的众多细节，因为这正是防止整个社会走向崩溃的正确方式。

本书第五章主要为从事环境生物技术领域研究的人员所写，内容涉及我们在提高科学认知上的诸多努力。在第六章，受布伦特兰夫人（Gro Harlem Brundtland）和一些观察家如托马斯·莫尔（Thomas More）、德日进（Teilhard de Chardin）等观点的启发，我做了一个大胆推测，即假设我们真的成功实现了可持续环境保护后，社会将会是怎样的景象。思考这些问题很有意义，它可以让我们更好地理解如何才能处理那些不可回避的问题，如何能够阻止一些不必要问题的发生，以及如何能够回馈大自然所慷慨赋予我们的一切。

研发和推广厌氧技术以及补充性工艺仅仅是第一步，我们还需要把精力放在消除社会各领域随处可见的诸多瓶颈和阻碍上。既然本质上讲主要是社会问题，而不是技术问题，所以至少以我的观点来看，我们需要重点关注如何把我们的社会从诸多丑陋的、固执的，甚至虽然成立不久却极其顽固的旧有结构框架中解放出来，尤其是在那些被讳莫如深的自私、以及毫无价值的竞争所主导的领域。总之，任重而道远。

# CHAPTER TWO

第二章

根　源

## 一、维护渊源与根基

相信任何头脑清醒的公民都不会否认社会渊源和根基的重要性。没有根源，就没有未来。这适用于个人、社区、国家，甚至所有事情，包括人类和所有生命。我们人类具有理解自身历史、洞悉历史渊源和根基的能力，而且本质上人类乐意这么做。不过，事情挖掘的界限在哪里呢？一直讨论到大爆炸理论，这些我们几乎一无所知的事情？或许我们只能说，就在几乎就要发生的那个瞬间，所有曾经应该发生或者将要发生的可能性都存在着。考虑诸如大爆炸理论、宇宙、黑洞这些事，需要我们去从"无限"、"永恒"层面思考问题，至少这是我阅读相关领域书籍后的想法。其中一些书籍探讨了多重宇宙、大爆炸以及亿万黑洞等事物的存在性。这些仍然是"奥秘"，就像讨论生命起源时的情景，生命是如何发生并不断演变的。

一旦由于某种原因，甚至仅仅是出乎意外，只要进化向某一个特定的方向发生了，那么通向未知无限可能的门就明明确确地关上了。但是对于生命的进化来说，过去发生了什么并不重要，重要的是未来，因为未来依然存在着无限的可能性，虽然向各种可能演变的可能性都微乎其微。当然这都是推测。幸运的是，人类已经意识到我们的生存只有在所有其他物种都处在一个相对健康的水平下才可以持续，并且我们也意识到了，我们只是"超级有机生命大家庭"中的一员。

> *我们应该确保不断增长的经济与其渊源根基紧密联系，这些渊源根基应该被妥善保护，甚至不断加强，以确保能够支持人类的长期发展。*
> 
> *——布伦特兰夫人（Gro Harlem Brundtland）《我们共同的未来》*

随着人类的出现，这个"超级有机生命大家庭"在进化途中看起来具备了控制方向的能力，因为人类是一种具有"应对环境反应及特定创造能力"的物种。在进化的道路上，人类目前处于最前端。这个"超级有机生命大家庭"的

第二章 根 源

根源，可以追溯到我们星球的起源。这既是难以置信的事实，也是高级生命诞生时的场景。生命的起源就存在于古细菌种群之中。古细菌可以适应极端环境条件，而我们在污水和废弃物处理过程中使用的厌氧微生物也属于这个种群。实现可持续的环境保护，需要这些生命过程的参与，而这正是本书的主要探讨内容。

针对上述这些尚且模糊的问题，提高对其的认识是一件极具挑战的事。我们将其视作一项任务。过去一个世纪，人类取得了难以置信的成就。就在19世纪和20世纪之交，我们对关于微生物存在的情况知之甚少。这个具有挑战性的科学领域为后世的学者提供了光明的研究空间。最终促使我们更好地理解了"可持续发展"理念，不过我认为我们花在理解自然和实现可持续环境保护上的时间还远远不够。我个人职业生涯的所有时光都贡献在研发和推广现代高效厌氧技术以及所需的互补型后处理系统上。这使得我逐渐明白，厌氧系统是自然矿化过程的一部分，是实现永恒的矿物循环和合成新生命体所必经的过程，并且具有聚集（生态群体）不同生命体的超级能力。

我的另一个感受是，我们在理解自身历史上所花费的时间远远不够，花在如何发展个人天赋和提高社会生活质量上的时间也不足。在我的观点里，这些都是可持续环境保护的重要组成部分。幸运的是，这些问题逐渐引起了社会公民的兴趣，包括过去发生了什么、为什么发生等。最近我读了篇历史学家的文章，文中写道，所有曾生活在地球上的人类中超过99%都生存在极度糟糕的状态之中。在现代社会，这个比率毫无疑问低了很多，但是从另个角度来讲，贫困人口还是非常多，甚至可以说多得离谱了。这取决于我们对"极度糟糕"这个词的定义。清醒的人们都知道，那些真正去解决社会安全、关怀全体人类何时、何地如何生存的事情才是最重要的。这些事涉及很多长期目标，焦点在于打造一个真正可持续发展的社会，至少要往那个方向发展。我的感觉是，所谓"统治阶级"的代表们并不想真正地去面对这些问题。他们中的大多数甚至不想强调这些问题，比如社会中依然广泛存在的贫困等，反而只关注短期利益，例如经济增长，以及各种各样的"创新"和"高端知识"。他们更多关注如何保持他们的特权地位。这些短视的行为将我们社会与生存所依靠的基础生生割裂开来，包括人与人之间的和谐、人与自然的和谐等。

我现在已经77岁了。回顾过去这些年，尤其是最近20年，我感到深深的忧虑。看起来人类社会的发展已经失去了控制，我们也不再与社会传统渊源和根基保持密切联系，这非常危险。我们需要重视传统，但是现实情况却正相反。另一方面，我仍然怀有信心。因为人类创造了令人瞩目的知识、技术和文化，这些进展本质上令我们具备建设更美好未来的能力。因此，我感觉人类发展历程正在进入一个事关生存的重要拐点。人类已经到了在各个领域都要做出适当选择的时候，尤其是在环境保护领域，因为这与粮食生产、能源供给、公民医疗、社会安全、教育等问题息息相关。卡罗琳·斯蒂尔（Carolyn Steel）最近的新书《饥饿的城市》中对此有详细描述。

> *Julius Von Liebig（1936年）：冲水马桶在市民中的使用蕴含着将城市土地转为为沙漠的风险，因为这些设施阻断了城市土地中的矿物元素/营养元素的循环。*
> 
> ——卡罗琳·斯蒂尔（Carolyn Steel）《饥饿的城市》

在历史上，数十亿人口和众多国家的生存与发展依赖于收集人类粪便排泄物作为土壤改良剂和农作物肥料的方式。虽然其最初目的并不是环境保护，而是为了粮食种植和食物生产。通过篮子收集居住区的粪便、拾捡大街上的粪便，最终实现了粪便排泄物的处理处置。虽然这些方式在今天被视为非常初级和简陋，但其实在理念上，这要比今天社会所使用的资源浪费型处理方式更先进，比如当今基于水冲稀释的城市管网系统，将废弃物粪便冲入城市河道的模式。这样的方式导致了城市生活环境的粪便污染，以及我们所需肥料的流失。卡罗琳·斯蒂尔（Carolyn Steel）的研究追溯了问题的根源。他的结论非常有意义和令人启发，即人们在某种程度上需要"恢复旧法"。他的书引用了德国化学家Julius Von Liebig的观点，即正是市民的生活习惯和日常行为，特别是使用了冲水马桶和昂贵的管网系统，导致了土壤贫瘠化。根据他的观点，管网系统使得液态和固态的粪便排泄物，尤其是磷等有价值的矿物元素，难以收集和处理。这些氮和磷等矿物元素直接通过河流和管网被排入大海，而没有找到回归土壤的渠道。与此同时，由于粮食生产过程不断地消耗营养元素，土壤中的物质平衡，例如磷元素就被打破了，从而导致不得不持续从土壤系统外部投加磷元素。因此，你很难理解为什么在过去半个世纪，人们要花如此多的精力强调去除污水中的磷，以此来对抗地表水的富营养化，却几乎没有去尝试把磷回收起来用作肥料。如今，大部分的市政权威机构和环境专家已经了解闭合物质循环途径的重要性，尤其是磷元素。但在过去，人们不知道，或者说不能深刻理解，这些貌似可轻易获取的磷矿资源的有限性。长此以往，在几十年之内我们就可能会遇到大麻烦。

## 二、厌氧技术的渊源和根基

当有机废弃物依然处于高浓度状态时，是压根不需要高效废水厌氧处理技术的，简单的厌氧消化技术即可满足需要。虽然早在1776年，Volta就展示了湖泊、池塘和溪流底泥中可以产生未知的可燃性气体，但直到1860年，厌氧消化系统作为将高浓度有机废弃物转化为甲烷的有效手段才开始为人所知。19世纪80年代后，Reiset观察到粪堆降解过程中产生甲烷，并建议深入研究该过程，以理解有机物的降解机理。而有证据表明，早在公元前一千年，亚述文明就采用沼气用于加热洗澡水。

如上所述，1860年首座生产规模厌氧消化系统"Mouras" automatic scavenger面世。随后又出现了多种结构类似的厌氧系统，例如化粪池、英霍夫池（Imhoff tank），以及后世熟知的污泥消化池。目前污泥消化池在高浓度市政和农业有机废弃物的稳定化处理领域占据了主流位置，其结构也逐渐演变得愈加复杂多样，例如增加了增温设施和搅拌设备等，在构型上也有单级消化和分级消化两种模式。然而，消化池的设计和运行依然主要依靠操作经验。直到20世纪之前，消化过程在微生物学层面、生物化学层面、甚至工程技术层面都还处于黑箱状态，即使到了今天，依然还有一些基础问题有待阐明。事实上，迄今为止人们对反应器层面和工艺层面的关注并不多，看起来使用"传统"技术的用户们满意其表现。不过，考虑到社会对绿色能源日益感兴趣，目前的局面可能很快就会改变。

传统消化池，包括化粪池，并不适用于处理包括城市污水在内的低浓度有机废水。事实上，如上所述，最初原本也没必要在该领域使用厌氧系统，但是随着城市污水量的爆炸式增长，情况发生了改变。典型例子是19世纪中期的伦敦，标志事件是现代化冲水马桶的大规模推广使用（1778年Joseph Bramah的专利）。短期之内，该系统就在世界范围内被广泛接纳和采用。之后我们观察到的就是，说服人们摆脱将废弃物置入冲水马桶等已经被广泛接受的习惯，转而采用将废弃物堆弃在院落中进行处置的模式，是一件多么困难的事情。原本这些包含人类粪便的废弃物处于浓缩状态，经过冲水马桶系统的转运后，却转变成了城市污水。这导致城市必须建设大型污水处理系统，以防止水环境受到严重污染。在荷兰，直到1970年12月1日污染控制法案颁布后水污染情况才有所改观。

利用厌氧过程处理城市污水的首次成功尝试，是Scott Moncrieff在1890年左右发明的厌氧滤池。该滤池由下部空腔和上部石料滤床构成，可以视为消化池和厌氧滤池的混合体。而首座厌氧滤池建于1880年的Massachusetts污水处理实验站（P.L.McCarty，2001）。其中一个工程采用砂滤和8天水力停留时间，另一个工程采用0.5～2in❶的石料滤床，表面负荷2m/d。这些"高效"厌氧系统的表现令人满意，有机物去除率可以超过85%！相关研究者们甚至注意到了石料表面的生物膜，并基于该现象强调在反应器中延长污泥停留时间的重要性，以促进可降解有机组分通过水解和细菌作用转化为无味气体或者小分子可溶性有机物。这其实是了解"厌氧黑箱"的初步尝试。不幸的是，这项研究并没有得到足够的关注和跟进。厌氧滤池技术没有实现突破式发展，主要原因在于20世纪前20年，建设污水处理设施的急迫性尚不高。而到了20世纪20～30年代，人们则把重点放在了研发好氧污水处理系统上，并没有选择高效厌氧系统。之所以卫生工程师们会偏爱好氧污水处理过程，很大程度上是因为好氧过程涉及的微生物比厌氧过程要简单和清晰得多，至少对他们来讲是这样的。当然，除了比较简单的微生物和生化过程外，另一个造成好氧技术迅速被接受的原因，毫无疑问是其出水水质更好、更容易被"接受"。而表面看来，无论是厌氧消化还是厌氧废水技术都不具有这个优势。厌氧系统的出水看起来远远算不上"清洁"，甚至在排放口处还可能有异味。回溯这段历史，我们必须说，身为"专家"必须要有更长远的眼光和视野。其实只需要非常简单的实验就足以证明，对于所有运行良好的厌氧系统来说，简单的后续处理就能够消除：①出水令人不舒适的外观；②出水的异味。事实上，这正是大自然向我们所展示的自然现象。就在厌氧出水排放口几米远的排水渠中，静止水体就已经变得非常洁净。小的时候在农村，我自己就在当时未处理的厕所污水的水渠中亲眼观察到类似

❶　1in=2.54cm。

现象，但是很明显我那时对水渠中到底发生了什么一无所知。不幸的是在那个时期，及随后的20世纪30～40年代，政策决策者们、科学家以及公共卫生领域的工程师们，也几乎不了解此现象背后的机理和现实意义。或者说，他们不能（或者不愿意）从这些自然界中已经证实过的现象中受到启发和利用其益处。无论怎样，历史进程最后的结果是，从20世纪30年代起，技术层面相对简单的好氧技术得以研发，并在城市污水处理领域得到推广应用，随后基于该技术领域的商务市场也形成了。

如前所述，一旦事情的控制权落入了商务集团手中，即使有非常充分和正当的理由，往往也很难再用其他技术（比如厌氧技术）去替代更换原有技术。尽管厌氧滤池在Massachusetts污水实验站中取得良好效果，厌氧滤池的技术概念一直被冰存。直到20世纪60年代，Perry McCarty才再一次提出该概念，用作中低浓度工业废水的预处理技术。

> **厌氧技术在废水处理领域应该占有比现在更重要的地位和更大的份额。**

我们看到厌氧技术早在1900年左右就已具雏形，但拖延了足足半个世纪后才再次焕发生机。我个人很难接受这个事实，毕竟高效厌氧技术可为社会提供诸多益处，其重要地位在自然界中也有反映，是万物生生不息循环的一部分。本质上讲，我们无法逃避自然规律，即使考虑人为的狭隘利益，也不能否认这点。归功于一些具有开阔视野的研究者，厌氧滤池系统最终还是回到人们视野内，成为城市污水处理领域广泛应用的好氧技术的替代技术。好氧污水处理技术存在一些本质上的局限，包括产生数量巨大的、有时很难稳定化的剩余污泥等。此外，其工艺过程消耗大量能源，占地面积通常也很大。现代高效的好氧技术相对复杂和昂贵，而至于低效的好氧技术工艺（如氧化沟和湿地系统），很难深入理解其过程，其工艺流程占据的空间也格外大。到了20世纪60年代，McCarty和Young恢复了对厌氧滤池的研究，如前提及，应用在中低浓度工业废水的预处理/处理领域。他们获得了非常令人鼓舞的结果，以至于McCarty敢直面已经建立良久的公共卫生领域做出给人启发的陈述：厌氧技术在废水处理领域应该占有比现在更重要的地位和更大的份额。但很明显，历史进程表明，美国公共卫生领域并没有发生这些改变。McCarty的言论被忽视了，或者更可能的是，城市污水处理领域的利益集团从商业利益角度出发，对其根本不感兴趣。他们固执地反对这个疯狂的想法，拒绝用臭烘烘的"过去说不清道不明的黑箱技术"来取代广泛接受的、已被证实可行的好氧技术。考虑到McCarty论文在荷兰和欧洲所产生的影响，我相信只有很少一部分人真正注意到了这一点，而我正是这些少数人中的一员。

在废水处理领域，我最初其实是个新手，对很多事情知之甚少。读了McCarty令人着迷的文章，尤其是背后所蕴含的观点后，我的视野完全打开了。那时，作为一个完全自由的、没有涉及任何污水处理领域研究的、正在寻找毕生追求意义的年轻人，我在这篇文章中读到的每一个字都说进了我的心坎里，文中观点完全契合我内心的追求，与我的抱负、视野和性格匹配。我毫不犹豫地接受了这项挑战。回头看看，我当然一点也不后悔当初的选择，我非常感激自己的人生走上了这条轨迹。

在瓦赫宁根大学所经历的学术生涯非常美妙。工作重点起先是UASB和EGSB系统的研发和应用，随后几年是各种后处理系统的研发。其中一个美妙之处在于技术研发过程中无数次激烈的讨论甚至争执，以我的观点来看，正是这些争论产生了一系列令人不可思议的结果。这40年来，我脑袋里一直思考几个问题："人类到底是哪种生物"，"我们的社会本质上得了什么病"。我逐渐清醒地认识到，我们必须克服艰巨的困难以实现一些（真正的）改进和转变，不仅在环境保护及其相关领域，而是在社会的各个方面。不过很明显，即使社会急迫需要这些改进和转变，同时也有充分理由支持这些变革，但真正实现这些目标依然要花费很长的时间。可以预料，这些变革的反对者们会对呼吁充耳不闻，他们没有时间，或者也不想了解事情的真相。通常情况下，事情会演变为利益冲突。根据个人观点，在我们这个依然欠发展的世界，每个人或多或少都不得不关注"个人利益"。

接受过学科教育的专业人士，几乎不参与超出其专业范畴的会议、小型研讨会和大型专业会议。传统的卫生工程领域的人就是如此。幸运的是，在跨学科领域，例如生化技术领域，以及生物污水处理技术领域，情况要好一些。在与生化技术专家打交道时，卫生工程师们经常感觉不舒服和困惑，因为生化技术专家的会议通常不涉及污水设施建设方面的议题，虽然他们其实也对一些相关问题感兴趣,如"污水管网中在发生何种生化过程"、"从某种意义上讲,我们到底多大程度上依赖这些庞大的管网系统"。在20世纪80年代,我越来越清醒地意识到,需要行动起来阻止城市污水处理领域中卫生工程师建立的将污水大范围输送的荒唐策略。在当时,"污水处理设施"的概念被视为消除城市污水所引发环境污染问题的主要手段。至少,相关利益集团是这样向无知的大众和执政者们描述的。直到如今,他们居然依然在用这套说辞!而不幸的是,这套说辞依然大行其道。这真是难以置信,毕竟这种所作所为与应该采取的正确选择南辕北辙,这种模式不但不"解决问题",反而在"制造问题"。在第八章我会具体讨论这个问题,在这我只简单讲几个近期的例子。在2013年4月,我在一个会议上遇到一位德国某城市市政厅公共卫生部门的官员。我通过他注意到,很多卫生工程师在讨论建设大型管网这种过时的设施时是否理智。考虑到市政厅在历史上对传统污水管网系统已经投入的巨额资金,这位官员评论道:"如果承认公共财政出现投资失误或浪费,我们就没法面对公众了,既然我们已经选择了这条路,那我们就要一条路走到黑。"

我认为,对整个社会而言,这种决策者的典型策略方式存在巨大风险,因为这意味着我们(整个社会)甚至无法针对(久远)历史上做出的一些错误选择进行修正,尤其是那些代价高昂的和不可持续的选择。举公共卫生领域的例子来说,相关的决策者和官员并不了解高效厌氧技术的最新进展,对其在工业废水和城市污水上的应用也知之甚少。这种认识过于专业化,相关人员或许非常勤奋,却不能承担将这些创新技术一步步的应用于更加可持续方向的重任。但是,既然决策权在他们手中,任何尝试变革的努力就变得非常耗时,结果也常令人沮丧。

幸运的是,在很多国家,过去几十年高效厌氧废水处理技术在工业废水领域的应用情况要好得多,也积累了大量经验。工业废水处理领域的决策过程,更多取决于所选技术系统向用户所提供的可靠收益,尤其是在经济方面。此外,系统的一些特性,比如高度能源自给、系统灵活性高、符合可持性理念等,也经常纳入为重要考虑因素。考虑到工业废水领域所取得的积极业绩,任何领域的任何人都无法再否认现代高效厌氧废水处理技术的巨大优势。基于此,我认为我们可以更自信和乐观一些。我相信一句古语中的道理,"真理即使最初仅被一个人所认识,最终也会被全人类所接受"。我从《人的现象》一书中读到这句话,书的作者德日进(Teilhard de Chardin)是我尊崇的哲学家,他的言论早在

20世纪60年代初就开始激励着我。总之,无论是我们人类自己还是其他生物,追溯渊源和根基是非常有价值的。对于年轻一代来说,避免抛弃根基是非常重要的。回到高效厌氧污水处理技术的发展,McCarty的贡献极其重要。厌氧消化技术的历史起源,比起厌氧滤池系统,可追溯到历史深处。如前所述,沼气产生现象早在18世纪就有发现。而毫无疑问,农民们更是早在千年前就利用厌氧黑箱系统来稳定化处理固体粪便等垃圾,即便他们可能并不清楚沼气的产生。厌氧过程的众多优势显而易见,时不时地能拓展一些恰当的应用,而我非常确信,厌氧技术在服务公共利益上还可以起更大作用。至于厌氧过程中微生物学和生物化学方面的诸多谜团,过去几十年中已经阐明了一些,但依然还有很多有待探究。进一步阐释厌氧黑箱体系中的奥秘是下一代学者们的任务,这是一项极具挑战性的工作!

提到高效厌氧废水处理技术的研发和推广,我也算是早期历史的一部分。之前介绍过,"幸运的意外"让我进入这个领域。其实,既然时机已经成熟,该发生的事情注定要发生,只是我非常幸运而成为那个"发明者"而已。此外也有一些其他原因,我自身是具有强烈使命感的那类人,也非常自信自己能完成自己的使命,任性而又执着。同时还得到众多合作者的强力支持。很明显,我非常有幸能在一个充满合作和创新氛围的研究组中工作。再次强调,对此我无比感恩。

新式的厌氧废水处理技术和传统的固体厌氧消化技术可以有效推动社会实现可持续发展。撇开这个领域令人激动的工作不谈,我感觉自己仿佛有"强迫症"一般,希望在该技术的进一步提升和更广泛应用上做出贡献,也希望能研发一些后处理的技术,也包括对传统好氧技术的改进。固体厌氧消化/厌氧废水处理的技术路线,毫无疑问,在闭合水循环和元素循环上,以及在剩余废弃物的稳定化上,都是最优的选择。无论怎样,每个人都会在这条技术路线的应用中获益,这是我们眼下努力的最终目标,至少是我认知和理解世界的方式。

## 三、我与厌氧废水处理技术的渊源缘分

很明显,在某种程度上我个人对厌氧废水技术的贡献起源于我的自身历史。我1936年出生于Friesland省,Dongjum市的一个小村庄,是农民的儿子(见图2-1)。

第二章 根 源

图2-1 父亲，弟弟和我（1939年）

现在回忆那个时代就仿佛在三四个世纪之前一般。之后的50年里，世界发生了翻天覆地的变化。在20世纪中叶，很多科学领域还是空白。在第二次世界大战后，科学发展迅速。在此历史背景下，生活在20世纪后半叶的一代人经历了令人兴奋的社会发展、难以置信的技术进步和一些前景光明的社会及文化转变。世界一部分人口的生活条件得到了大幅度提高。然而，看起来数以亿计的人口却不得不为此付出了代价。

  事实上，小时候我在村子里就首次接触到厌氧过程，以及某种程度上可持续的环境保护模式，但必须承认那个时候我对这些事情的重要意义一无所知。然而，后续学术生涯最初的种子或许就根植于此。当时村子的公共卫生是通过马桶收集"night soil"（粪便和尿液的混合物，因一般在夜间收集而得名）实现的。每周一次，相关人员会从所有居户那收集马桶，通过小船运至村外，最终倾倒在一个露天的水泥消化池中。这个池子就位于我父亲的一片田地内，其中发生的事情深深吸引了我。我观察到随着每一次马桶的清空，令人不快的气味很快消失。更吸引我的是看到这些垃圾废弃物转变为"不太让人厌恶"的成分，而随后父亲会愉快地将其施用在农田中，用作肥料和土壤改良剂（类似牛粪）。

21

另一个让我感到神奇的地方是，虽然每周都会有马桶运来新的废弃物并倾倒其中，但要经过相对蛮长的一段时间，消化池才会被填满。对我来说，池子中在发生神秘的事情。另一个孩童时期与厌氧过程有关的记忆是，一个朋友家房子里的灯，是由从农场周围沟渠中收集到的奇怪气体点燃的。大约20年后我才知道，如前所述，厌氧消化对于公共卫生领域的"专业人士"们来说几乎就是黑箱，而即使对于微生物学家和生物化学家来说，要阐明如此复杂系统也尚有很长一段路要走，直到第二次世界大战结束10年后才真正取得了显著进展。

整个社会结构，包括各个阶层，在20世纪中叶都面临着重组。虽然是一位农民之子，但在Friesland省的村落里多少也算"小有才能"，我很容易就摆脱了世世代代做农民的命运（见图2-2）。高等教育的大门也向我敞开了，虽然坦白说我读书最初是为了遵循母亲的意志，而非我自己所愿。母亲是一名教师，她渴望自己的3个儿子中至少有1个能接受高等教育。或许因为我一直没明显展示出务农的热情，她希望由我来完成她这个心愿。其实我自己也不觉得自己有天赋能成为一名优秀的农民，所以我遵循了她的安排。在所谓的ULO拓展公立学校完成了一年令我无比烦躁的教育后，首先进入了Harlingen高中，之后大学之门也向我敞开了，这是几年前完全想象不到的机遇。大学中还有几个同样来自农村的有抱负的青年学生。

图2-2　13～14岁时的光景，羞赧又无知

### 1. 我的高等教育，进入瓦赫宁根大学和选择废水厌氧领域

高等教育看起来非常有挑战性，但我很自信。基于对化学的偏爱，我选择了Delft理工大学的化学工程专业。当时流行的说法是，化工专业毕业后很容易找到有趣的工作，所以我就做了这个选择。作为"青葱"又相对内向的农家子弟，我在Delft城开始了学生生涯。自此，我的生活起了翻天覆地的变化。我不

再是"Gatze"了，而成了"Lettinga先生"。我成了"更高"社会阶层代表中的一员？我对此其实并不感冒。在我眼中，很多学生的举止非常无礼，对我这个"反社会分层"人士来说甚至是不可接受的。慢慢地，我好像成了所有旧社会制度的反对者，包括基于对历史固化认识的各种政策和决策机构，例如宗教机构和附属其内的圣祖、主教、祭祀、牧师、伊玛目（清真寺内率领穆斯林做礼拜的人）等，对那些人类其实一直无法回答的哲学问题，他们假装拥有答案。我对各种故弄玄虚和疑神疑鬼都持厌恶态度，这些手段往往都是用来赋予一些固有机构和团体以特权，而事实上他们往往并不配拥有这些权利。在学术生涯中，我有多次不得不去攻击过时的陈旧观点、政策和体制结构，它们挡在你前进的路上。事情如果能圆滑地解决固然不错，但这样的冲突也是值得的。这些陈旧体制是很多社会灾难的根源，我们需要摆脱它们。这些冲突或许比研发可持续的环境保护技术更重要。虽然人类经常受制于软弱和精神疾病，我依然坚信大部分公民在生命中会追求更高的精神价值。或许，普通公民阶层中对此追求的人数比例，要比所谓的"精英"阶层更高。不论如何，考虑到这些冲突的重要意义，我会在后面章节具体介绍一个事例，即争取全职教授权利的经历（第九章）。

  回到Delft"难以置信"的学生时代，我不得不说那段时光给人难以置信的成长和改变，令人着迷、令人享受、令人眼界大开！有时候我会觉得青年学生们的傲慢态度非常烦人，他们一些人会在学生俱乐部中举行类似"教化"的活动，但我基本还是可以忍受的。反而是学校里一些"皇家任命"的教授们，尤其是那些在自己专业领域外也假装享有优越感的"学术权贵"，和我之间产生了更大冲突。后来对那些"穿戴礼服"（古罗马参议员所穿的宽外袍）的官员和决策者，我一贯持有几乎病态的厌恶感，我想可能就是起源于此。在我眼中，这些代表学术地位和荣誉的制服经常穿在了错误对象身上。当然另一方面，我同意学术界需要制服这样规范的礼仪礼节。总之，在20世纪70年代，很多教授在自己领域内仿佛就是国王。我尽可能地避免和这类教授产生冲突，只在需要的时候才适当维护自己的观点。回忆过往，我永远忘不了和Waterman教授的一席对话。Waterman教授其实在化工领域还蛮有名气。在所有年轻的硕士研究生刚入学时，他曾邀请所有人参加一次方便大家熟悉彼此的见面会，我也在出席之列。他让我介绍自己的背景，在听说了我的出身后，说了很多在我眼里不能接受的话，比如"所有农民，无论耕种土地是多是少，未来都注定要去工业界打工找工作"。

虽然不是很剧烈，但这是我第一次和具有更高学术地位的人起冲突。不过，回顾过去的55年多时间，无论我是否接受，Waterman正确地预料了社会发展方向。他所说的景象已经发生，并且还在进行中。不过我仍然认为这样的发展趋势不可接受，这很危险，有悖于可持续发展理念。幸运的是，看起来越来越多的人持有与我同样的想法。无论什么样的社会，无论什么时代，社会都需要农业工作者，未来甚至需要受过良好教育的农民。他们理应得到科学技术上的支持，具有前景的优秀理念和技术不应该成为大公司和高等学术机构的垄断物。无论古代的罗马，还是近代的前苏联，历史经验都表明破坏和解除农业生产基础必将引发灾难。农民是社会可持续发展的基石。从基层社区、地区到整个国家，都需要尽力满足自身需要的基础供应，包括食物、洁净饮用水和能源。至于像瓦赫宁根大学这样的高校同样应该尽可能地实现这个目标，为所有社会成员服务。不幸的是，近些年来，瓦赫宁根大学花了太多时间和精力通过推动种植业和养殖业的机械化来促进农业生产，这种模式对农民并无真正益处，也不为大众所需要。然而，支持者们认为这样的发展具有吸引力，声称这样可以收获品质更高的农作物，减少污染和更有效地利用肥料。但他们忽视了事情的另一面，即这种农业现代化模式导致全球范围内大批农民的失业，使得粮食供应成为少数国家和地区的垄断。我们看到的现实是，农业产品过量的运输，过度的全球化和养殖业极端的动物不友好。跨国公司联合金融大鳄控制了一切。这很危险，完全背离了布伦特兰委员会在最终报告《我们共同的未来（1987）》中的展望。幸运的是，现在来自欧盟的反对声音越来越多。与瓦赫宁根大学及其他一些高校的同行们一起，我反对这种应受谴责的农业现代化模式。这件事后来演变成我与瓦赫宁根大学学校董事会主席的冲突，他是以产量提高为导向的农业与养殖业现代化理论的积极支持者。他居然剥夺了我们以瓦赫宁根大学教授名义反对该理论的权利，而这件事居然发生在2011年！另一方面，瓦赫宁根大学同时也取得了很多积极进展，研发了很多出色的设备和技术。这些都有助于实现粮食生产的可持续发展。以布伦特兰针对可持续发展的观点来说，这些学术研究的成果无论如何都应该面向所有的农民。但不幸的是，这些进步并不符合跨国集团的商业政策，他们及其追随者们并不希望各国各地实现粮食的自我供应。然而，我希望也相信，粮食自我供应迟早会实现，毕竟这对每一位社会成员都有益处。很明显，Waterman教授在他的时代以些许不同的眼光看待这些发展，那是个不同的年代，考虑到布伦特兰的愿景和过去几十年近代世界的进展，他现在或许会有新的观点。

回到我的学生时代。尽管我在这个阶段的学习生涯中缺少激情和动力，我还是成为了一名化学工程师。我仅仅做了我应该做的事情。幸运的是，开始读硕士研究生后，尤其是接触实验工作和涉及饮用水领域的研究后（也可算是环境保护领域的范畴内），我的激情逐渐燃烧起来。那段时期非常重要的一件事是，我在希腊度过了3个月的学术训练，从此希腊就成为了我最喜欢的国家。我之所以希望在希腊接受训练，是因为向往Doolard的小说《Orient Express》所描绘的Balkan地区的生活。另一件完全预期之外的事情发生在硕士毕业后2年的军役期间。我被选为润滑剂和燃料方面的技术军官，这个有趣的职位实际上让我有机会接触了真正的行业专家，及那些石油公司。

在完成了趣味丰富又令人受教的军事服役后，我在1964年获得攻读博士的机会，项目由欧洲原子能共同体在TUD和IRI设立，导师是Houtman和Heertjes（见图2-3）。项目研究放射性废水的处理，这个课题很可能是那个年代第一批由外部资金在高校内赞助支持的项目。那时的荷兰高校对外部资金还不感兴趣。

图2-3　前往Delft的IRI工作岗位的旅途中

毕竟研究规模不大，政府资金就足够了。况且博士生的数量不多，研究人员的薪水也不高。企业界对学术研究的赞助并不太受欢迎，"觉醒"的学生甚至将其视为"脏钱"。再想想现在，时代真是变了。

研究的起步阶段很快就变得费劲。因为我很快认识到，设想中的饮用水重度放射性污染只会在使用核武器的灾难情景下才会发生。

幸运的是随后一年，1965年6月的早些时候，我遇到了Dora，我姐姐Doutje的朋友。我们在她的家乡城市——希腊古城塞萨洛尼基（Thessaloniki）相遇并相处了几天时光。同一年的8月，我们再一次在德国弗莱堡（Freiburg）相遇。我们在弗莱堡共度了2个周末，并在第二个周末订了婚。我们计划在12月1日就结婚。Dora具有俄罗斯和希腊血统，我感觉她就是我的理想伴侣。计划非常顺利，12月1日成为了我们的纪念日！我和父母，以及我朋友Jouke的妻子Nel，经过5天神奇的旅程就开车抵达了希腊。在没有防滑链的情况下穿越了阿尔卑斯山，旅途中没有被大雪封途所阻碍，路上一直下雪且偶尔有一些冰，接近贝尔格莱德（Belgrade）时几乎要被冻死了。之后我们再也没经历过如此寒冷的早冬。抵达塞萨洛尼基3天后，我们就在一个俄式小教堂中举行了婚礼。一切如此的不可思议。结婚那周，我突然产生了我最崇拜的作家——陀思妥耶夫斯基（Dostoevsky）在其小说中所描绘的感觉。怎么说呢，之后这么多日子里，Dora成为了我的精神支柱。我有幸在两位伟大坚强的女性支持下享有我的人生：Dora和我的母亲（见图2-4）。

我的母亲

我的妻子Dora

图2-4　我的两位人生导师（我的母亲和我的妻子Dora）

回来继续谈我的博士研究，开展放射性废水处理领域的研究是个重要决定。我的主要负责导师Houtman也同意了我的选择。研究的实验工作很快变得让人着迷。其中一个原因是当时存在一种怀疑的态度，结合IRI研究组所从事的核能利用研究，有人质疑我的工作是否有意义。这其实是那个时代的显著特征，和其他国家一样，荷兰"应该"发展核能。众多复杂又昂贵的工程项目在等待着该领域的工业界、咨询业和科技工作者。对他们来说，放射性废水带来的"风险"不应阻碍行业的发展。作为这个方向唯一的研究者，我有点沮丧，感觉也很不舒服。然而我后来才慢慢意识到，或许是我思考得太慢，一旦注意到显著的"钱景"，这些决策者就会倾向闭上眼睛，对放射性废水的危害风险视而不见。除了核能领域，这其实适用于社会各个层面。现在，40余年过去了，我们都知道发生了什么事情。更不用说美国和前苏联为了发展核武器及生产钚的过程中犯下的众多龌龊罪行。

总体来说，我的博士研究令人怀念，不仅因为我对核能风险有了更深刻认识，也因为获得了探究有趣课题的机会。我觉得自己的工作研发了一些可用的新型物化污染控制方法，同时对一些重要的学术领域也有了一定认识，比如重金属与腐殖酸的螯合问题。这方面的知识和经验对我后续厌氧领域的研究大有裨益。

那我的研究能否解决核工业领域放射性废水的处理问题呢？答案是否定的，实现这个目标看起来不太可能，事情非常复杂。因此我的结论是，关注可再生能源是更好的选择。事实上这十年来可再生能源领域取得了很大进展。最近我在荷兰期刊Energie Actueel（7，13-9-2013）上读到，TU Delft的van Wijk教授预测的一个未来情景：一个包括500辆电动汽车的停车场可以供应50MW的电能，供给50000个家庭的电力。现在可以预测，未来一代人可以享用更廉价的可再生能源，尤其是永久持续的太阳能。而在20世纪60年代末期，这些事只能想想罢了。

无论如何，我自己已经做好了准备，是时候离开Delft了。我要去寻找一个学术职位和有趣又有挑战的研究领域。

## 2.寻找一份挑战性的工作，瓦赫宁根农业大学的职业生涯

和现在相比，在1970年找一份合适的工作要相对容易很多。年轻化学工程

师们有众多选择空间。或多或少，我们化工毕业生有义务去参加Shell公司的公开招聘。当年的公开招聘让我大开眼界。对我这种只想在环境保护领域有所作为的毕业生，那个年代以Shell为代表的这类跨国公司是不感兴趣的。不过如前所述，找份工作还是不成问题的。机会有很多，但满足我要求只有少数。我更想在大学中找到工作，因为我认为，若想在科学技术领域从事自由的研究，大学是最理想的环境。此外，20世纪70年代早期，皇家任命的教授岗位增长很快。70年代后期，荷兰政府开始在大学中推行民主化，不过在70年代初，一切尚未发生。最初我相信也心怀希望，大学能够足够独立地为解决社会问题选择最优的理念和技术路线，同时去消除阻碍新技术和新理念施行的社会桎梏。不仅如此，作为高校职员，高校里也自然有机会去教育培训社会所需的专业人才，以及传播知识等。因此，尽管在提高高校的民主程度、争取最大的研究自由和在相关社会问题领域争取政府资助等方面存在很大压力，当时我还心怀希望，尚未失望。

看起来幸运女神光顾了我。1970年初，在当时的瓦赫宁根学院（LH）[后来改名瓦赫宁根农业大学（WAU），目前改为瓦赫宁根大学和研究中心（WUR）]，成立4年的"水净化"系突然有一个非常有吸引力的职位。职位具体是"科研助理"，为"助理教授"的一种。我得到了这个职位，甚至在1972年就看到了博士毕业后晋升"副教授"的机会。我也可以花一些自由时间来写我的博士论文。

尽管我对高校中那些教授们依然存在不满，但还是非常高兴能获得这个职位。一个重要的原因是我的老板——Fohr教授给了我极大的自由，去寻找既符合我的抱负又符合院系使命的挑战性课题领域（见图2-5）。这棒极了，毕竟只有很少一部分人在生涯中拥有这种幸运。成为一所重点关注农业生产、粮食加工和环境保护高校的一员，也让我非常满足。此外，瓦赫宁根大学还拥有一批从事基础科学研究的课题组，包括微生物学、生物化学技术、物理和胶体化学、土壤科学、生物工程技术等。同时我欣然发现，瓦赫宁根大学不像我之前所处的TU Delft大学那样的过于崇拜技术和唯技术为尊，我当时的印象是，他们对自然和环境怀有强烈的感情。但另一方面，瓦赫宁根大学的生活比Delft要保守很多，一切都非常正式和形式化。院系里的学术助理、学生、秘书包括保洁员工等，又开始喊我"Lettinga先生"，而不是我在Delft已经习惯的"Gatze"。这些挑战需要我逐渐去改变。

图2-5　20世纪70年代初，和我的新老板Fohr教授商谈中

至于其他方面，我感觉自己仿佛回归了本源，即某种意义上回到了农业领域。后来，我才慢慢发现，瓦赫宁根大学教授中也存在"唯技术为尊"的一批人。他们全面促进和推动在农业种植、畜禽养殖和农产品加工领域实现工业化。之前我讲过，从多个角度看，这样的模式都不可持续。不过这些都是后来发现的事情。在20世纪70年代刚到瓦赫宁根大学时，知道了我们院系发展前景良好后我非常高兴。二三年内，我们会搬入具有众多设备的新大楼。基于此，我不在乎1970年时我们院系尚无名气的现实。只有二三年光景，我们就会拥有专门用于污水研究的大楼，在我眼里，这比Delft卫生工程系同行们所拥有的条件可要好得多。不仅如此，还有很多学生对我们探索的研究领域感兴趣。前景一片光明！

我在1970年4月开始了新的工作。我的家庭——Dora和3个孩子（Elik、Tanja和Paclik），就在Paclik出生后1周，大约6月底的时候，一起从Delft的公寓搬入了Ede的一座新房子。交通也非常便捷，骑自行车去瓦赫宁根的实验室仅仅需要半小时。

# CHAPTER THREE

## 第三章

## UASB 系统在工业废水处理领域的研发和应用

▶▶▶ 通往可持续环境保护之路——UASB之父Gatze Lettinga的厌氧故事

## 一、背景

工业废水处理行业在1970年前后尚处于初始起步阶段。未经处理的废水基本上排放进入地表径流，居民不得不忍受水污染带来的危害。在那段时间，可供选择的污水处理系统主要有初级处理、厌氧消化和一些好氧系统及化粪池。总体上讲，污染控制技术被视为过于昂贵的选择。直到1970年荷兰污染控制法案出台，巨变发生了——"谁污染、谁治理"的原则被迅速而广泛的接受。

作为一名专业领域聚焦在物化技术饮用水处理（硕士阶段）和放射性废水处理（博士阶段）的化工工程师，我最初对水处理生物技术领域几乎一无所知。然而，塞翁失马焉知非福，这份无知不但未成为阻碍我发展的障碍，反而成为我的一项"优势"，让我保持开放的思维，并对任何生物处理技术都不持有先入为主的偏见。就这样，在新领域工作了几个星期之后，我把目光转向了污水厌氧处理技术。这个事情是怎么样发生的呢？原因是我偶然看到了Perry McCarty在JWPCF（现 *Water Environment Research* 期刊）上面发表的一篇文章，他在文中讲述了十分有前途的AF（厌氧过滤）的实验，事实上这也是第一篇讲述生物废水处理技术的文章。我到瓦赫宁根大学的第一周，不知谁把文章丢弃在我的书桌上。文章里面提出的支持污水厌氧处理的理论是如此的清晰、令人信服和吸引人。实际上，这个时候我就做了从事这个领域研究的决定。与广泛使用的传统污水好氧处理技术相比，污水厌氧处理系统具有很大的优势，该技术基本没有什么弊端，并且对于各种各样中、低浓度的污水都可以进行很好的处理！

如前所述，荷兰所有的工业废水在1970年左右基本上都被排入地表水体，因此社会亟需各种处理方法。从高效厌氧系统里找答案，没有比这更好的选择了。除解决污染问题外，还可以同时实现资源回收利用！这看起来就是独一无二的选择。当然，随之而来的是大量具有挑战性的研究课题，包括理论上的和工程应用上的。同时，我发现当时尚未有人准备将厌氧技术在荷兰和欧洲推广使用，这也非常具有吸引力。因为这感觉非常好，你不会被其他具有竞争关系的课题组所束缚，能做船上唯一的船长是一件非常棒的事。那时荷兰卫生工程师的势力范围相对较小，且只关注公共卫生领域的污染控制。他们认为厌氧废水处理技术不可能应用于实践，属于已经被淘汰的技术。可以预料，当厌氧技术凌驾于好氧技术展示在人们面前的时候，必然会有各种讨论和争论，甚至冲突。以今天的眼光回首过去的40年，预期的争议冲突都发生了，激烈程度甚至超出预期。在下面的章节中，我将更加详细地介绍我的经历。然而在这之前，我想先说在推动社会接受厌氧技术成为污水处理技术路线之一的过程中的感受，即"在人一生当中，必须要与机构、权威和专家这样一些人打交道，他们根本不会接受与自己的利益和专业观点相违背的替代理论，即使这个理论已经被提出来、很成熟，甚至展现出了优势"。几乎不敢相信，人们充耳不闻和掩耳盗铃能做到如此程度。我不认为这仅仅是因为个体的自私、懒惰和贪婪，我认为这更多得源于已经根深蒂固的社会或者道德缺陷，换言之，是一种遗传性的"社会通病"。因此，我认为厌氧技术的推广与其说是一种技术问题，不如说是一种社会和心理问题。但是，作为一个技术人员，尤其是工作在厌氧这个需要完善的领域的工作人员，我们必须处理这些复杂的问题。总而言之，我们不能也不应该对于异于自己的意见不闻不问。

大约在20世纪60年代末的时候，文献中已经出现关于南非厌氧系统处理高浓度工业废水的报道，使用一种叫作反向流Dorr-Oliver Clarigester（DO-clarigester）的反应器。基于关于美国20世纪50～60年代大型厌氧工程的研究文献，例如所谓的厌氧接触工艺（包括厌氧的"活性污泥过程"），我发现在这些DO-clarigester反应器系统中，使用反向流的主意是个非常棒的发明（见图3-1）。

然而，根据我所了解的诸多DO-clarigester工艺报告，这项技术常面临生物量（污泥）流失的问题，这其实是那个年代厌氧接触反应器面临的通病。我认为提高污泥停留量是一个非常具有吸引力的课题。在20世纪60年代中期，南非成立了一些研究小组，致力于微生物学、生物化学和工艺过程方面的研究，以期初步探究其内在机理。这些小组很可能已经实现了这个发明设计，并且希望使用DO-clarigester系统的环境工程师会认可他们的贡献，毕竟这能解决实际应用中的污泥流失问题。但是，事实上却并不是这样。双赢的合作很少发生，主要原因在于解决问题的技术路线过于局限在单一学科。

基于McCarty的超前判断和建议，以及来自南非DO-clarigester实际工程运行经验的文献报道，我开始探索使用厌氧滤池反应器处理中、低浓度废水可行

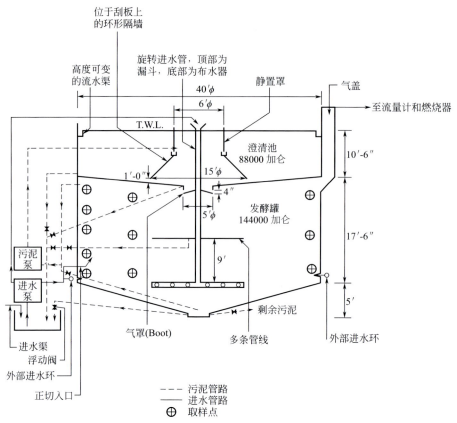

图3-1 反向流Dorr-Oliver Clarigester反应器结构示意

性的研究。我决定先把重点放在工业废水处理上，而不是公共卫生领域的生活废水。考虑到博士期间饮用水方面的研究经历，我觉得，作为一种环境污染控制手段，厌氧废水处理技术在私人领域要比在公共领域更容易取得成功。在20世纪70年代早期，咨询界和工程承包商因忙于公共卫生领域的市场经营，而无暇顾及工业污染领域。此外，我期待工业界在处理其面临的污染问题时，会坚持选择最经济可行的技术方案。而我也坚信，新型厌氧技术绝对就是他们的最佳选择。我选择优先关注工业废水领域的另一个重要考虑是，相比城市公民个人，工业企业在保障自身权利方面具有更强势的地位。例如，他们可以自主选择污染治理方案，然而市民在公共卫生领域技术的选择上却没有丝毫影响力，公共领域的最终选择都是由政府机构做出的。

> 基于在Dorr-Oliver Clarigester反应器中使用反向流的聪明主意，南非的工程师们为UASB概念的诞生创造了机会。

## 二、UASB系统的发展

### 1.UASB系统的诞生

在参与学院工作2个月以后，我的得力助手Johannes van der Laan（见图3-2）和我针对"颜色介于深黑墨水的神秘物质"的消化污泥，开展了一些初步的厌氧批式实验和沉淀/浓缩实验。这些实验让我们了解到，为了维持厌氧污泥良好的沉降性能，需要自始至终维持最低限度的机械搅拌。换言之，这些初步实验获得的最重要，同时也最清晰的结论是，停止在固体厌氧消化和废水厌氧处理过程中使用完全混式反应器（Complete stirred tank reactors, CSTR）。随后的产甲烷活性实验中，我们也获得了减少机械搅拌的结论。这也成为我们后续开展所有厌氧废水反应实验最重要的红线。

在进行初步批式实验的同时，厌氧滤池反应器也制作和安装完毕了。反应器的构造几乎完全复制McCarty所使用的反应器。我认为厌氧滤池反应器的构型是探索中、低浓度废水厌氧处理可行性的理想系统。因为土豆废水是淀粉制造行业废水的代表，我以其为实验进水。淀粉行业是荷兰北部所谓"Veen-koloniaal"工业体系的一个分支行业，到了20世纪70年代，行业由一个私营企业（KSH）和一个合资公司（AVEBE）组成。考虑到当时严峻的失业率，以及农民们相当不稳定的经济地位，淀粉行业的兴衰对当地经济影响非常大，而这两家企业的运行状况都远不令人满意。因此我们希望通过努力，至少先帮助两家企业从环境污染的泥潭中摆脱出来，以支持企业发展。在生产任务最繁

图3-2 我的得力助手Johannes van der Laan

重的季节，众多淀粉加工厂直接向河道和水渠排放大量未经处理的重污染废水。事实上，此时的地表水体简直成了开放式的消化反应器，让周边居民不得不忍受刺鼻气味。我想这下大家都知道了腐烂的土豆是多难闻的东西。值得注意的是，政府之前已经针对污染采取了行动（基本上来自政府的资金支持），然而最终都失败了。基于以上考虑，我期待我们的研究能吸引企业和水委会的兴趣和支持，此外，也同样期待能吸引学校里的同事和学生们的兴趣和参与。

此时我们的实验室设施还是不能与我在TUD大学从事PhD工作时相比。我们不具备分析仪器和大型设备，而且实验室的空间也非常有限。不过，学校提供了可观的资金支持和人员支持。Sjoerd Hobma成为了我们的分析员，在之后的10年中，他在实验方面成为学生们和研究者们的重要导师，同时在项目研究、人员培训和课程讲解上都作出重要贡献。而谁能否认没从Aart van Amersfoort（见图3-3）不可思议的创造性和投入中受益呢？作为我们学院的文书和技师，他对所有教授、博士生和硕士生来说都是不可或缺的。

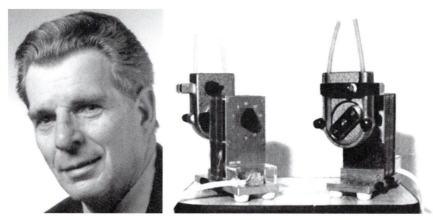

图3-3　Aart van Amersfoort，我们富有创造力的技师

整个20世纪70年代，在美国大行其道的外部科研经费并不被我们荷兰高校内的教授和学生们所认可和追求。当Fred Pohland教授——厌氧协会的前任主席（协会成立于20世纪80年代末期）造访瓦赫宁根大学时，他简直不能相信其所见所闻。他认为我们这就是地球上的天堂，这是他亲口所言。

虽然土豆废水在废水处理领域属于复杂废水，但厌氧滤池系统取得的结果令人满意。无论对于工程应用还是对于进一步学术研究都极具前景。与Young

和McCarty（1969年）关于厌氧滤池反应器的文献一致，我们也观察到反应器中形成了，具有高度活性和沉降性能良好的厌氧污泥。实际上，这个发现标志着UASB系统的诞生。我的结论是，在厌氧升流反应器中添加填料是没道理的。相反，填料反而占据了原本可以用于截留污泥的宝贵空间。因此，剩下的工作就是通过示范工程演示证实，在这样一个不放置填料的污泥床升流反应器中，也能形成厌氧滤床反应器中那种具有高的反应活性和良好高沉降性能的污泥。与其通过放置填充材料来加强污泥的截留，不如在反应器的上部设计一个合适的气液固三相反应器（见图3-4）。

首座UASB反应器原型使用稀释后的甲醇废水作进水，消化污泥作接种物。系统运行良好，运行结果符合我们的预期。黑色的接种污泥逐渐演变为密实的、颜色为粉黄色的、具有良好沉降性能的、非常独特的污泥。之后很长时间我们大部分研究选择使用甲醇废水做反应器进水。首个UASB反应器中以甲醇废水为基质所驯化的污泥，陆续在今后几十年中持续用于后续众多研究，尤其是与微生物系的同事们（Zehnder和Stams）开

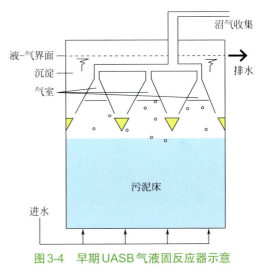

图3-4 早期UASB气液固反应器示意

展紧密合作之后，我将在后面章节再讲述这部分历程。在甲醇废水处理上取得UASB的初步成功运行后，我们的主要研究方向转变为：①优化反应器的设计，运行和增加对反应器的进一步理解；②研究评估UASB系统在各类实际工业废水上的应用。淀粉废水是我们希望解决的首个目标。我们希望我们的研究可以吸引淀粉行业的注意，比如开展合作实验等。此外，很明显依然有很多事情等着去做，比如反应器的放大、评估最大处理负荷潜力、制订运行和设计参数标准，以及分析环境因素包括温度和高氨氮的影响等。毕竟我们都清楚，淀粉废水属于复杂废水中的一类，即使暴露在低浓度氧含量环境中，新鲜废水也会形成棕褐色的难生物降解复合物。

我们对UASB系统工艺的前景充满了信心，因为评估结果表明UASB的水

力负荷和有机负荷都相当高，而其设计、运行和维护却比厌氧滤池系统要简单得多。此外，针对淀粉行业，我预计它将会是一种经济上极具吸引力的技术，甚至可能带来盈利。但不幸的是，我们的观点并没有得到淀粉企业的认同，事实上他们压根没有表现出太大兴趣。兴致不高的主要原因是，他们已经选择了一项基于物理化学过程的处理方法，并且从20世纪50年代起就启动相关研究了。这个物化工艺流程包括：①尽可能地减少生产过程水耗，以免稀释土豆汁液；②而对于汁液中的蛋白质，通过沉淀和一种新式蒸馏方法实现回收。在1953年，AVEBE已经开始了500～600t蛋白规模的中试测试。首座工业规模的设备也在60年代两个AVEBE厂中开始运行，那时土豆蛋白的生产是可以带来利润的。通过这个技术工艺，两家公司，AVEBE和KSH都希望分离出来的土豆蛋白质能够形成良好的市场销路，出售给消费者。从而不仅彻底解决了环境污染这个让人头大的难题，也几乎"彻底实现了所有土豆成分的消纳"。这看起来就是一个完美的解决方案。不仅如此，由于20世纪70年代初在该地区发现了大规模天然气储量，AVEBE的CEO认为未来几十年内有望获得低廉的能源价格。

虽然态度上支持继续开展研究和评估厌氧系统的可行性，但AVEBE的CEO们还是决定使用物化处理工艺。我们的厌氧技术"出局"了，被AVEBE所忽视。这个结果对我来说非常难以接受，但是我也理解他们的选择。毕竟那个时候，他们对当时的（传统的）厌氧系统没有信心。即使是淀粉废水领域的科研机构和咨询界，也认为厌氧技术不够有吸引力。无论怎样，对于AVEBE的管理层来讲，面对瓦赫宁根大学一个没有名气、还很可能非常自大的年轻人所搞出的学术研究成果，他们有足够的理由持不信任态度。对于学术研究人员来讲，在实际应用领域获得关注是常见的困难。不过对于淀粉废水处理这个案例，我们非常幸运能继续开展实验室的研究（后来甚至进行了$6m^3$的中试）。从1972年起，Van Bellegem和Wijbenga（与我们联合研究）就在TNO淀粉废水处理实验站开始了这些相对小规模的研究。获得的结果再一次显示出厌氧技术在处理淀粉废水上的可行性，但我们不得不保持耐心，说服淀粉行业采用我们技术的时机尚不成熟。之后我会再仔细谈论这个话题。

随着1971～1972年间淀粉行业拒绝采用我们的厌氧技术，我们显然要寻找其他废水以向工业界证明厌氧技术的巨大潜力。因此，瓦赫宁根大学的UASB可行性研究把重点放在了其他农业废水上，存在大量极具挑战的可能性。不过我们其实非常幸运，就在淀粉行业拒绝我们不久，一个天赐良机又到了我的面前。Rob de Vletter——CSM公司（荷兰私人甜菜公司）的环境专家，联系我并建议开展UASB在甜菜废水处理领域的可行性研究。这看起来是个非常棒的机会，事后表明，对于UASB技术在未来的顺利发展、推广和商业化来说，这是必经的突破性事件。

### 2.UASB系统在甜菜废水处理领域的可行性中试研究

大约半年的实验足以说服CSM公司管理层建立一个$6m^3$的可行性研究中试装置，地点设在Breda的甜菜加工厂（见图3-5）（这时大约是1972年），这距离我们学院开展厌氧滤池可行性研究仅仅过去了半年时间。中试实验由两位非常上进的硕士生完成，Pette和Van der Vlugt。他们高昂的积极性是非常可贵的，因为当地的条件非常艰苦，实验器材有限，气候也很糟糕。最后他们所得到的出色实验结果回报了艰苦的付出。系统运行良好，实验温度大约为30℃，水力负荷超过$6m^3/(m^3 \cdot d)$，有机负荷超过$35kg\ COD/(m^3 \cdot d)$，这些数值有点超出我们的想象，因为远高于我们在实验室小试做出的结果。我们都被深深地吸引住了，尽管实验时间比较短（不到4个月），我们不仅获得了设计、运行和维护所需要的第一手数据，同时也对污泥床动力学有了更满意的认识。对于UASB系统的运行来说，密实污泥床的存在是必不可少的。作为固液气三相的分离场所，污泥床首先积累沼气，并因此而慢慢膨胀，达到一定限度后释放积累的气体。气体释放过程中，引起污泥床剧烈地上下混合，随后质量较大的污泥迅速沉淀，较轻的部分释放后在致密污泥床的上部积累。最后，新一轮的循环再开始。将耳朵贴着厌氧反应器的壁，甚至可以听到厌氧反应器仿佛在"打嗝"。这种典型的污泥床动力学模式实际上是UASB反应器的基础。这是一种自发的温和而又高效的污泥

图3-5　我们首台实验室规模的UASB反应器样品，以甲醇为进水原料

床混合模式，可以加强基质更好地与微生物接触，促进微生物聚集，增强污泥聚合体的形成，以及，我个人认为，协助聚合物的顺利增殖（第五章）。

事实上，在这 $6m^3$ 中试过程中最令人称奇的现象是观察到了污泥颗粒化，一种像"鱼子酱"一样的厌氧污泥形态。无论是之前处理淀粉废水的厌氧滤池实验室实验，还是以甲醇废水为基质的UASB反应器模型，我们都未观察到类似现象。但毫无疑问，这些反应器中形成的污泥是非常密实的，由致密的絮体组成。Perry McCarty 在其实验室厌氧滤池测试中也观察到了类似现象，事实上他甚至在发表的文章中提到了颗粒态污泥（见图3-6）。我们可以做出结论，这些反应器的运行条件促进了污泥颗粒的形成和顺利增殖。这些发现使得至今仍非常流行的CSTR反应器的可行性受到质疑。作为CSTR反应器的基础理论，完全混合的概念与厌氧滤池和UASB的运行机理相冲突，混合菌群无法在这种系统中优化生长。因此CSTR系统在未来需要大幅改良。任何剧烈的机械搅拌和连续搅拌都需要避免。

无论是我们学院还是微生物系，污泥颗粒化现象很快就成为了主要研究方向之一。在我整个学术生涯中，颗粒化一直是我大部分研究工作的主线。颗粒

图3-6　大约在1980年，与激发我灵感的人（Perry McCarty）愉快会面

化现象被发现后，引发我思考的第一个问题是：污泥颗粒化是否曾在其他场合发生过？它真的是第一次出现吗？这个想法是如此的吸引我，以至于我尝试向学校申请经费去拜访南非，当时南非是依然处于种族隔离状态的国度。申请并不容易，好在我有充足的理由。其中之一是，我希望亲眼观察那些上文提到的大型DO-clarigester反应器中的污泥形态。最终我获准参加在约翰内斯堡举办的一个物理化学污水处理技术研讨会，并在这个国家周游了一番，参观了Cape Town的一个工业规模DO-clarigester系统的运行情况（见图3-7和图3-8）。从众多角度看，这次出行都开阔了我的视野，其中对DO-clarigester系统的参观是最棒的部分。整体系统看起来充满了颗粒化的污泥，一种极其易沉降的污泥。这个现象是否让我当时感到惊奇，说实话我忘记了，但让我很难理解的是，在运行这些系统的管理者和工程师中，居然没有一个人曾注意到这么明显的现象，尤其是当时反应器运行方面的报告和文献都在关注污泥易流失问题。今天再来反思当时的事由，我认为当时误把系统容积负荷升不上去归咎于污泥流失问题。反应器很可能装载了过量的（如此高的质量的）污泥，因此哪怕小幅度的提升负荷也会引起严重的污泥流失（暂时性的）。其实基于较低的污泥含量，DO-clarigester系统毫无疑问可以实现更高的容积负荷，尽管从很多方面该系统尚不

图3-7 位于南安普顿Stellenbosch的工业规模DO-clarigester反应池，Bill Ross在接待我们

图3-8　从Stellenbosch的DO-clarigester反应池取污泥样品

符合UASB系统的设计准则。此外，由于缺少清晰的测试规范，污泥的微生物活性评估也经常被忽视。但非常奇怪的是，自从20世纪60年代末期起，微生物学家、生物化学家以及化工学家明明就开始研究消化污泥的特性，却没有注意到这些事情。即使在同一所高校中工作，他们或许没有直接参与DO-clarigester系统的研究，比如去检测一下系统中的污泥样品，因为他们的报告中没有任何有关污泥颗粒化的描述。

以30年后的眼光来尝试评估当时的状况，我们知道至少有3座升流式厌氧反应器系统促成了污泥颗粒化过程（见图3-9）。如果颗粒化的条件适宜，很可能其他反应器系统也能实现颗粒化。这趟南非之行非常重要。无论是对我来说，还是针对我的同事，污泥膨胀方面的专家Henk Rensink（见图3-10）。我带着他所关心的生物除磷方面的信息返回了瓦赫宁根。他决定开始这方面的研究，并在之后的岁月里在这个领域做出重要贡献。可以这么说，这次南非之行硕果累累，涉及的领域不仅是污水厌氧处理技术。在第五章中，我会继续谈论污泥颗粒化现象。

图3-9　令人着迷的污泥颗粒化现象

我们在1973年首次注意到颗粒污泥的形成，在那之前我们完全不知道南非DO-clarigester系统的运行情况，很明显，颗粒化现象迷住了我们。被迷住的还有环境保护与住房部（Ministry of environmental protection and housing，VROM）的政府官员们。基于6m³ UASB系统良好的运行结果，VROM决定加入我们进行UASB系统厌氧废水处理和后处理技术的进一步研究。这些研究与部里启动的"清洁技术"项目非常契合，该项目由Fokke van den Akker作为项目负责官员而发起。VROM支持的首个项目主要关注处于Breda的CSM公司废水厂UASB中试的二期，以及为了在荷兰推广UASB系统所需的反应器放大研究。CSM公司自身并不确定已经到了工程规模应用UASB的成熟时机，他们希望清晰确认UASB系统的应用潜力，因此也非常乐意在更高（6m，高于之前的3m）、更大（30m³）的反应器中继续开展中试实验。

图3-10　我们在污泥膨胀和生物除磷领域的专家，Henk Rensink

CSM公司还有些其他想法,包括:①设计自主知识产权的三相分离器;②为满足启动200m³工业规模UASB反应器准备足够的接种污泥。计划方案是在阿姆斯特丹附近Halfweg的CSM厂内进行示范工程的建设。CSM希望在世界范围内成为UASB技术的领导者。基于这些目标,Rob de Vletter招来了具有微生物学和化工技术背景的人员参与实验。年轻而又积极的博士研究生参与到工作中来,包括来自阿姆斯特丹大学(UvA)微生物和生物化学所的Cohen和Breure,导师是Van Andel,来自化工学院的Soetemeyer和Beeftink,导师是Van der Heuvel,以及来自TUD化工学院的Van der Meer,导师是Heertjes(我的第二Promoter)。他们都是厌氧领域的新人。UvA和TUD的研究组的研究重点是"分相概念",该概念在20世纪70年代初期由美国的Ghosh和Pohland提出,指厌氧过程中的酸化过程和产甲烷过程两相实现分离,要求两个反应器而非一个。因此我们CSM的研究团队(见图3-11和图3-12)就不得不思考:"基于什么程度的缘由,我们才需要将高效厌氧系统拆分为分相的两级反应器?"这个问题没有一致的答案,

图3-11　1975年的CSM研究组(从左到右,Van der Meer、Lettinga、Petter、de Vletter、参与项目的学生、VROM的官员、参与项目的学生、Wint)

我们处于长期的争辩之中。长期从事厌氧领域研究的同行们或许还会记得厌氧大会上的那些争论。幸运的是，我们研究组内部逐渐形成了一些共识，即在废水运输过程中，或者贮存池中，（后续所需的）"适度的"预酸化过程基本上很容易就发生了。对此认识，人人都很满意。

TUD的PhD，Van der Meer，试图模拟系统的水力运行条件，基于我们的角度，关注以下研究：①评估更高、更大的UASB系统在不同水力负荷、不同有机负荷条件下的运行效果；②以部分酸化的糖蜜废水为基质的颗粒污泥培养过程。以提升对污泥颗粒化的认识为目标开展了大量实验，模型结果与实验结果拟合效果良好。

图3-12　Sjoerd Hobma在实验室中

尽管在二期实验过程中，有优秀的实验室和研究机构的参与，但相比开展6m³规模中试的那个时期，我个人反而难以高兴起来。相比实验初期我自己当"船长"的那个阶段，我们不得不处理越来越多观点和利益上的冲突。除此之外，我意识到CSM公司试图获取UASB系统的产权，即使不是全部产权的话，至少希望获取装备了其改良过后三相分离"设备"的UASB系统的所有权，而这个反应器在二期中试过程中已经完成了充分的测试研究，并首次应用在了Halfweg的200m³示范工程中（见图3-13）。

对于我个人来说，将UASB技术申请专利是完全不能接受的，我当时认为（现在观点也没变）UASB系统作为一种环境保护技术应该在世界范围内为所有人服务。另外一方面，我也支持CSM商业化的计划，毕竟对于推广UASB技术来说，这是恰当的，甚至可能是唯一的方式。但我认为，这种推广可以，也应该建立在CSM公司掌握的专业知识和经验上（而非通过专利保护的形式去阻止他人应用）。对于工业规模UASB反应器的三相分离器，我们有自己的设计思路（见图3-14）。通过在当地的一家期刊上发表介绍UASB系统概念的文章，我阻

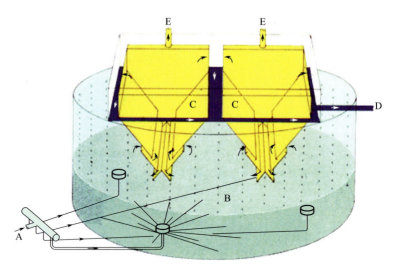

图 3-13　1975年建于Halfweg城CSM糖蜜加工厂的200m³示范工程反应器结构（该反应器配置的三相分离器源自30m³中试实验的设计）

A—进水；B—污泥床；C—分离器；D—出水；E—沼气

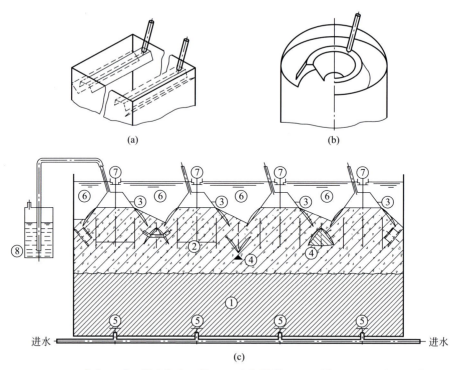

图3-14　装备了"瓦赫宁根出品"三项分离器的工业规模UASB反应器示意

①—顶部的污泥床层；②—混有悬浮污泥和气泡的液相；③—气液界面的气体收集器；④—折板；⑤—进水布水器；⑥—沉淀区；⑦—沼气收集管；⑧—带有气体释放管的挡板

止了CSM公司去申请UASB专利。这也导致了双方合作研究关系的结束，自此以后我们分为两个研究组。

专利保护是个复杂的论题，其代表了社会经济体系中流行成果的继承。现实生活中几乎每个研究者都会碰到专利的问题。对于专利所带来的益处和弊病，众说纷纭，举双手支持者有，极度反对者也有。我对专利是持反对态度的，现在甚至比20世纪70年代反对得更坚决。我认为一家公司保持其商业地位的最佳手段是对技术拥有更深刻的理解，包括对反应器技术及从微生物和生物化学角度理解工艺的层面。这终究是个复杂的话题，我会在第九章讨论更多细节。

### 3.工业废水领域中试可行性研究的迅速发展

从1977年糖蜜废水示范工程运行成功后，应用UASB系统的需求迅速"扩增"。大量实验室研究和中试可行性研究相继启动了。来自VROM和当地政府的官员们也成功整合了这些资源，例如成立了多个商业联盟。承包商和科研院所也愿意与污染行业的公司一起，参与到中试工作中来。下面会介绍这些方面的进展。

（1）针对可溶性工业废水的可行性研究

基于糖蜜废水良好的处理效果，来自IBVL的研究者们有兴趣研究UASB系统，以将其使用在土豆加工行业和果蔬罐头加工行业的废水处理中。IBVL是农业部下属专门研究农业产品（土豆、饮料、麻类植物）的科研机构。在这之前，IBVL并不在该领域研究的圈子中，主要因为在20世纪70年代初其支持AVEBE选择的物理化学处理工艺，同时早期也对厌氧UASB技术缺少信心。荷兰政府成立的"厌氧废水处理技术促进管理委员会"，同意了$6m^3$的早期反应器可以用于IBVL及其合作研究。土豆加工工艺废水和果蔬罐装工艺废水的中试研究，分别由Versprille和Maenhout开展，他们都是来自我们学院的硕士研究生，做事积极。可行性研究的结果在各方面都达到了我们预期的高标准。

不过我们还有一个尚未实现的强烈愿望，就是建设一座处理淀粉废水的工业规模示范工程。毕竟淀粉废水与硬纸板加工废水是当时荷兰北部地区最主要的污染来源（在20世纪70年代初期达到1200万人口当量）。

（2）重启淀粉废水处理的研究——土豆淀粉制造厂的深入研究

到了20世纪70年代末，AVEBE的管理层已经明确意识到，早期看好的物理化学处理方法无论在技术上、还是在经济上，都缺乏真正的吸引力。首先，研发用于回收土豆汁液中蛋白成分的沉降和蒸发工艺无法良好运作。其次，预期通过回收"蛋白产品"获得收益的想法只是"一厢情愿"，更糟糕的是天然气能源价格一路飙升。负责污染控制及相应资金资助的地方和中央政府都要求AVEBE公司（此时KSH已经被AVEBE收购）重新考虑厌氧处理的技术选择，并去积极重启针对UASB系统的一切必要的额外研究，例如解决废水的多样性问题。考虑到糖蜜废水领域工业规模示范工程的成功运作，淀粉行业相关的政府部门已经对UASB在淀粉废水中的处理建立起足够的信心。此外，大约于1976年进行的土豆加工工艺废水的中试结果也非常积极，随后实验室规模和中试规模的UASB研究都再次证实了其在淀粉废水处理领域的巨大潜力。因此，我们在瓦赫宁根大学的实验室再一次迎来研究淀粉废水处理的一段时期，极富挑战性。这一次研究的重点在于污泥颗粒化研究，我们希望证实在以其他一些废水为基质，以及在高氨氮抑制和毒害情况下，颗粒污泥依然能够形成。这部分研究由两位项目工程师开展，分别是Van Campen和Heijnen。

我们学会了很多，不仅在废水厌氧处理技术层面，同时也在社会决策制订方面。这其实是一个视野逐渐开阔的历程。最终，UASB系统在土豆淀粉行业获得完全的应用。这仅是万里长征第一步，我们清楚还有诸多挑战等着我们，包括厌氧出水的后续处理，营养物质的回收利用等。可惜这些愿景至今尚未实现，尽管这些年来我们目睹了高值营养物质回收方面的很多机遇，包括氨氮、磷、和钾等，但时机并未成熟。而另一方面，$6m^3$中试反应器处理土豆废水把我们引向了后处理领域的一个引人入胜的新研究课题。一切都是自然发生的，我在检查反应器沉淀区气液界面时，观察到白色薄膜物质，其与化粪池出水排放口周围静止水体经常出现的膜状物质类似。Twente大学的讲师Peters分析该物质成分后，发现主要成分是元素硫，这显然是自然生物转化过程的产物。这个"偶然"的发现，带我们进入了"微氧生物转化"的研究领域，例如，还原态的硫转化为单质硫。我们开始研究生物硫循环过程及其应用，后来这成为一个重要研究方向，并促成了很多新技术的研发，例如厌氧出水的后处理技术、废气中$H_2S$的去除，污染土壤中重金属的回收（Buisman、Janssen）。Kuenen研究组，荷兰的硫细菌专家（TUD大学微生物系），以及帕克公司（Paques B.V），一起参与了这方面研究。我将在第十章对此进行介绍。

回首UASB技术在工业废水领域的研发和应用，必须承认"塞翁失马，焉知非福"，很高兴在起步阶段我们"被迫"先把研究对象选为成分简单的糖蜜废水，而非直接研究例如淀粉废水那样的复杂废水。

（3）针对难溶工业废水的可行性研究

从20世纪80年代初开始，中试研究的重点转向成分更复杂的废水和低温废水，例如屠宰废水（博士课题，Sayed，1987年）、牛场液状粪便（Schomaker、Van Velsen）和印染废水。对于可溶工业废水，研究主要关注单相UASB系统。虽然负荷比糖蜜废水要低不少，运行结果还是积极正面的。而对于难溶工业废水，负荷的限制因素在于悬浮固体的生物可降解性以及水解率，这两个因素均受温度的影响。关于水解过程的研究是固体厌氧消化和废水厌氧处理领域的重要课题（第五章）。

屠宰废水（COD为1.5～2.3g/L，50%不可溶）的厌氧处理可行性研究在25.3$m^3$的中试反应器中进行，接种厌氧污泥，半连续运行，反应器温度分别设定在30℃和20℃，容积负荷在白天波动[30℃和20℃条件下最高皆达到2.7kg COD/（$m^3 \cdot d$）]，在夜间达到最低，周末进水存在波动。反应器的稳定运行主要取决于胶态和溶解态COD成分的有效捕集和转化，为了降解反应器中积累的有机物，周末停止进水一段时间是需要的。明显地，为了提高各种难溶有机物的去除和探明矿化机理，还有大量实验研究需要做。

实验结果表明，无论是屠宰废水，还是稀释过的粪便，如牛场液态粪便（COD为9～10.5g/L），相比那个时候所有的好氧处理技术，这种"一步式"的常规UASB反应器更有竞争优势。然而当时，参与社会决策的政府农业废弃物管委会的技术专家们，对于使用高效厌氧技术依然非常犹豫。他们更倾向于使用传统的低负荷好氧系统（如氧化沟），因为这些系统对氨氮有更好的处理效果，而氨氮在当时被视为引起主要环境问题的罪魁祸首。这些系统高昂的能源消耗，在当时并未被视为限制因素，而氨氮的回收利用更未被考虑。随后的年月里，这些视角有了很大改变，但是经验教训告诉我们，一旦已经做出了选择、进行了资金投入，再对过往的错误选择进行修正是一件非常困难的事情。

当代高效废水厌氧处理技术应用于中低浓度废水的（预）处理，主要作用是实现有机污染物的去处和稳定。技术使用范围不包括处理浓缩后的高浓度粪便淤泥，也不涉及固态的动物粪便，比如类似20世纪40年代我老家村落里畜禽饲养产生的粪便等。然而，很具前景的"干发酵"消化技术得以研发，用于处理固体有机废弃物包括粪便和市政垃圾中的有机物。研究成果有我们实验室的 Biocell process（Ten Brummeler、Koster）和 Gent 大学实验室的 Dranco process（Verstraete）。不过荷兰畜禽养殖行业，尤其是生猪饲养行业，自20世纪70年代以来发生了剧烈变化。目前更现代化、更规模化的大型养殖行业，导致荷兰畜禽粪便产量迅速增加，从而使得整个国家都不得不面对氮磷营养元素处理问题。然而如前所述，无论是固体厌氧消化技术还是废水厌氧处理技术，都对此问题束手无策，他们的作用在于通过转化为甲烷气使得废弃物中的有机物实现稳定化。不过在另一个层面上，这些技术有利于促进营养元素的回收利用，因为废弃物中的有机污染物已经通过厌氧矿化过程得以去除。考虑到液态粪便的形态特征，显然不适用于 UASB 系统。因此，我们需要改良固体厌氧消化系统，使其能够：①实现有机物稳定；②实现矿化产物的储存（Zeeman）。这里要说明，传统消化池还是可以继续使用的（Van Velsen），虽然我们的后续研究明确表明，UASB 概念中的升流式设计，可以提高改良后的厌氧消化池的性能。固体厌氧消化系统可以做成 UASB 式的消化池（或 UASB 式化粪池），其中要避免机械搅拌，至少要维持在最低限度。在处理社区生活黑水的示范工程中，这条技术路线已经展示出了优秀的应用潜力（第八章）。

（4）含硫工业废水的处理

大部分工业废水或多或少有含硫化合物，如硫酸根和亚硫酸根，以及还可能有大量有机硫元素。因此，厌氧技术的使用过程就必须面对生物硫还原过程，以及伴随着的诸多影响。优秀的废水处理技术应该能够充分利用这个过程。基于此，生物硫还原现象成为了我们首个研究课题，这大概是20世纪80年代。之后不久，我们开始研究整个硫循环过程。因为我们的研究更多基于应用科学的角度，所以非常高兴微生物系的同事们（Stams）决定加入到我们微生物研究课题中来。我将在第五章介绍这部分研究工作的成果。

（5）针对工业废水的 UASB 可行性实验室研究

我们研究工作的首要目标一直是研发和推广可行的高效厌氧废水处理系统。基于这个目标，尤其是在20世纪70年代，我们将一部分精力放在研究厌氧技术针对各种工业废水处理的可行性探索上。这种类型的工作开展了很多，对我们来讲意义非凡，例如帮助我们与工业界建立了良好的合作关系。事实上，历史结果表明，这是一条正确的工作路线。在70年代初，这条路线还有些不受待见，因为这类与工业界的合作在高校环境中压根不被认可。对于校内反对者们，说服他们接受这种合作带来的益处是件困难的事情，持反对观点的学生也很难被说服。好在这种负面态度逐渐消散，到了70年代末，宽松的舆论环境已经足以让实验室与工业界、咨询界和承包商合作，开展大量外部经费支持的可行性研究。这其实是一件双赢的事情。与此同时，我们也有能力撇开工业界支持，开展一些独立研究，比如我们也开展了高盐废水（Sauerkraut）、牧场废水和各种"模拟废水"的研究。就像早期的糖蜜废水研究一样，这些实验室研究也引发了很多积极的附带影响。我们从中学到了很多，更重要的是促进了实际应用。不过另一方面，这些研究往往没能协助我们更加深入地挖掘现象背后的本质，以获得更加恰当和更加广泛的理解。而这也是我们非常需要也非常愿意去追求的目标。因此，非常有必要获取足够的外部经费，通过支持博士课题研究来实现这一点，毕竟对于追求科学进展来讲，没有比这更好的方式了。年轻而主动的博士生们通常会尽其所能的探索未知领域。在很多情况下，我们都成功的保障了所需经费。

在博士课题和博士后研究的整体框架支持下，我们的精力更开阔的放在以下2个方面：①促进实际应用；②提高科学认知。我们面临很多紧迫的问题（现在情况也没变）。研究主题包括毒性、生物可降解性、动力学、外部环境影响（例如温度、pH值、碱度、盐度、硫酸根浓度和钙离子浓度等）、营养元素和微量元素的存在/可利用性、基质成分和无机成分的沉降、污泥颗粒破裂现象和污泥颗粒化/聚集现象、污泥上浮和泡沫生成问题、反应器分级、特定废水成分的相互作用，例如由暴露于极端环境厌氧反应器所引起的反应等。在20世纪70年代和80年代，只有少数一些厌氧领域的研究组（一些尚处在起步阶段），我们不得不面临大量"紧迫问题"去研究。这意味着需要做出正确的选择，分配优先权，如前文所述，这个过程中我们学到很多。到了20世纪90年代，寻找能胜任的研究者和获得足够经费已经不再是问题。我将在第五章介绍当时的一部分成果。

# CHAPTER FOUR

第四章

## 下一代UASB反应器，EGSB系统或其他系统？

## 一、说明

大约在1979年，代尔夫特的一个生物制药公司，Gist Brocades（GB），其环境保护部门的负责人Peze出乎意料地找到了我们，希望评估高效厌氧废水系统预处理其公司发酵制药废水（青霉素发酵）的效果。该公司必须在短时间内终止向北海排放未经处理的废水。这种废水成分非常复杂，同时硫的含量很高。我们很高兴能够开展生物硫还原方面的研究。然而奇怪的是，虽然我们任命的项目研究人（Mulder）在实验室测试中清楚表明了UASB系统的可行性，但GB公司对采用UASB技术却没显示出兴趣。很快我们就知道了原因，GB公司的管理层希望研究自己的新式厌氧处理系统，即厌氧流化床（Anaerobic Fluidized Bed，$FB_{an}$）。在那个年代，具有化学工程背景的学者在学术期刊上面正在推崇流化床理论是更优异的技术路线。乍看之下，这是一个有价值的尝试，但与此同时，基于某些原因，它同样具有很大的风险。无论怎样，GB公司招募了TUD的博士生（Heijnen）开展这项工作，而相关风险的讨论则很快风吹云散，主要因为公司已经得到承诺，会得到一大笔政府资金的支持。

## 二、高效厌氧系统的选择，流化床？还是膨胀床？

由于我们实验室已经开始了EGSB的前期研究，而我同时又成为GB项目管理委员会的一员，这让情况有点怪怪的。毕竟我们不得不面对$FB_{an}$技术与EGSB技术之间的冲突和竞争。考虑到颗粒污泥的性质，包括良好的沉降性、高机械稳定性、高产甲烷活性、细菌集合体的高度牢固性，我们非常有信心能够研究出先进的厌氧颗粒污泥床技术，即EGSB系统。我们之所以启动这项研究，在逻辑上其实是UASB系统的一种延续。基于厌氧颗粒污泥的定义，其在大小、形状、表面粗糙度和密度上都存在多样性和不均一性。因此，唯一可行的选择很明显是颗粒污泥膨胀床，而非颗粒污泥流化床。本质上，EGSB系统与Jewell和Schwitzenbaum在美国20世纪70年代末提出的"厌氧生物膜膨胀床（AAFEB）"

的反应器理论相似。系统依赖细菌聚合体的形成,而这种聚合体的形成机制是覆盖在惰性载体表面上生物膜的整合和这些厌氧聚合菌体的不断增殖。

与GB的$FB_{an}$技术不同,AFFEB和EGSB系统均可以应对污泥尺寸、形状、密度不同所引发的问题。而$FB_{an}$系统则不行,由于追求本身不均一的附着生物膜的颗粒或者聚集体的完全流化,该系统在本质上不得不面对严重的分离问题。基于这些认识,就像Iza(西班牙,1987年)和Binot(比利时,1983年)提议的一样,膨胀污泥床的运行方式应该更有优势。该系统依赖于:①在反应器中提供的微小载体上挂膜;②载体上生物聚合体的形成和聚集;③生物聚合体的增殖。污泥分离分层的问题,在这种污泥膨胀床反应器中基本不会出现。此外,考虑到污泥生长的需要,在反应器底部维持一个"真正的"污泥床甚至是有好处的。我将在第五章中对此进行解释。

Jewell、Schwitzenbaum、Iza和Binot都没能在实际应用中推广他们的系统。在那些年的工业化国家中,大家对厌氧技术的任何应用都不太感兴趣,而对于相对新兴的学术体系来讲,情况更是如此。然而,荷兰是个例外。在厌氧技术领域进行技术示范,进而进行推广,荷兰所提供的氛围和条件非常完美,而且多年来一直如此。在成功推广UASB技术之后,工业界、承包商、建筑商和咨询界,都对进一步研发更高效的厌氧系统产生了巨大期待。特别是为令人称奇的颗粒污泥寻找新的利用方式,成为了一个重要课题,尤其是此时已经可以在工业规模UASB反应器中获得越来越多的颗粒污泥。

我们实验室在20世纪80年代初期完成的EGSB前期实验,明确显示了EGSB概念的巨大应用潜力。在某些方面,甚至要优于传统的UASB反应器。随后的小型中试实验进一步证实了这个判断。相比UASB系统,EGSB反应器能够应对含有毒化合物的废水,例如月桂酸、棕榈酸和甲醛等,以及某种意义上其他的脂肪酸和脂类。与传统UASB相比,EGSB反应器所维持的运行条件更有利于可降解有毒化合物的降解,因为后者采用了更充分的泥水混合。最终结果显示,活性微生物可以在高负荷下实现有毒化合物的有效去除(Rinzema)。不过至少有一个前提条件要满足,即处理和降解能力需要维持在高水平。这可以通过确保反应器中有毒化合物处于中、低浓度而实现。也正因为此,反应器系统需要实现充分的出水循环。

虽然这些发现基于实验室小规模试验,不过我们顺利获得了足够资金支持来进行小型的中试示范工程，以测试系统的可行性。在这段时间（1985～1995年）内，厌氧技术得到了广泛关注，甚至公共卫生领域也表示了兴趣。政府投入大量资金支持厌氧领域的技术研发。我们也在实验大楼中分别实测评估EGSB和$FB_{an}$系统在荷兰中温气候条件下预处理初沉污水的可行性。实验结果有些令人失望（Van der Last），虽然我们发现EGSB系统在温度超过13℃时就显示出预处理的潜力，尤其是在两级反应器构型中。不过令人欣慰的发现是，EGSB系统能够利用初沉污水生产高质量的颗粒污泥，其内在机理值得深入研究，不过我们没申请经费开展这项工作。总之，公共卫生领域的技术专家认为整体效果不够有潜力，也没给出积极评价。在荷兰的气候条件下，在市政污水处理上可以不用考虑应用EGSB系统了。公共卫生领域对厌氧技术的热情逐渐褪去，其实原本也没热情到疯狂的程度，尤其是和工业领域的情况相比。而$FB_{an}$系统的效果更令人失望，没有显示出任何应用潜力。我会在第六、七、八章继续回到污水处理话题上来。

相比公共卫生领域的技术专家，UASB技术工程公司、承包商和工业界在应用和商业化EGSB系统上面显示出极大兴趣。这个领域很容易就可以获得私人企业的经费支持，比如来自Bavaria Brewery、Paques B.V、化工行业及咨询界等。除了外部环境资金，很多外国PhD留学生在EGSB系统研发过程中也做出重要贡献（Kato，Rebac，Hwu，Gonzalez-Gil），他们中的一些人甚至自带了科研经费。工业废水和诸多复合废水的处理效果令人拍案称赞。我并没有夸张，举个例子，在环境温度低到4℃左右的条件下，Rebac在以可溶性废水（VFA混合液）为基质的中试反应器（高1～6m）实现了高效稳定运行。系统在大约2kg COD/（$m^3 \cdot d$）的负荷下几乎实现了VFA的完全去除。我们同样证实了EGSB系统可以对非常低浓度（COD<300mg/L）的可溶性和部分可溶性废水实现高达95%的去除（Kato、Rebac）。系统运行稳定后，活性微生物的流失速度远低于生长速度，例如测到的污泥流失速率低于10mg/L。同时再考虑前文提到的实验室规模测试证实的有毒化合物去除能力，EGSB系统的应用潜力令人印象深刻。事实上，EGSB看起来比UASB的概念更优越。我们渴望再一次为所有人演示这一点。来自巴西的博士生Petruy在20世纪90年代中期承担了这个极具挑战性的任务。他测试的废水包括蔗糖、明胶、稀释啤酒和牛奶脂肪乳浊液。回首过去，我想他是我们团队中任务最繁重的博士生之一。虽然我有时认为这些实验结果都是容易收获的

果实，但现实情况往往相反。我们不得不面对高效厌氧反应器中的反应受限问题。问题是普遍的，不仅针对EGSB系统。看起来主要限速步骤应该是水解过程，尤其是奶脂的"液化"。某种程度上讲，我们通过之前的研究已经了解到这一点（第五章），不过这里我们面对一些未知复杂胶态/溶解态中间产物的形成，这些中间产物来自蔗糖、明胶和/或奶脂，并严重干扰厌氧消化过程。这是个令人头痛的问题，我会在第五章讲述这段困难的经历。无论怎样，到了20世纪90年代末，我们需要重新考虑EGSB系统的应用潜力。

话题回到GB公司$FB_{an}$系统的实验室测试和小型中试（1978～1982年）（见图4-1），研究者的报告结果看起来非常有前景，系统负荷可以达到令人满意的水平55kg COD/（$m^3$·d）（Heijnen，1984）。基于这些积极的实验结果，GB获得许可进入工业规模的中试阶段。这部分内容我会在第九章继续谈论。

图4-1　在60L中试反应器中开展污水厌氧处理研究

我们研究组面临一种"能力上的挑战"。虽然我们依然对实验室中进行的研究结果非常感兴趣，然而，挑战并非来自科学研究。我在GB公司研究组中面临的问题是，项目负责人在他们的新型$FB_{an}$系统依然处于初级阶段时（以我的观点，可以说是非常初级），就开始了商业化运作。更夸张的是，GB项目的带头人居然敢断言我们（已经被证实过的）UASB系统比不过他们（尚未经市场验证的）$FB_{an}$技术。我当然无法接受此断言，毕竟在20世纪80年中期，大量UASB系统已经成功应用于多种难降解废水。不仅如此，UASB技术已经实现了商业化运作，出现了相应工程公司如帕克公司（Paques B.V）、CSM集团、IBVL研究院，甚至包括一些咨询公司如Advies Bureau Arnhem和Grontmij B.V。同时我也怀疑$FB_{an}$系统的可行性，事实上，我的怀疑与日俱增。我们相信EGSB系统才是更优的选择。我认为GB公司的$FB_{an}$系统最好选择很小的表面流速。不愉快的争论在我们出访日本时出现了。除了GB研究组的负责人和我外，出行的还有2个咨询顾问和经济部的官员。我们观察到日方对UASB和EGSB系统表示出极大兴趣，兴趣不仅来自企业界，也来自高校学术界中对颗粒化现象着迷的科学家们（Harada）。他们渴望开展这个领域的研究。由于我们在颗粒化研究上已经积累了多年经验，因此很容易就和日方学者找到共同语言。在日本的研讨非常吸引我，尤其是当时我还不清楚EGSB系统的局限。而对于GB公司的代表而言，日本之行就没那么愉快了，因为日本的工程师和学者对$FB_{an}$概念持怀疑态度。

## 三、荷兰工程公司对EGSB技术美好前景的反应

毫无疑问，帕克公司（Paques B.V）、CSM集团和IBVL研究院都热衷于EGSB这个话题。他们密切追踪最新研究进展，消化理解吸收研究成果，并试图研发"自主产权的系统"。帕克公司（Paques B.V）的研究者（例如Vellinga）研发了所谓"内循环（Internal Circulation，IC）反应器"（大约于1990年），然后很快成功演示了反应器概念的可行性［见图4-2（a）］，进而进行了成功的商业化推广。该技术很快走向成熟（第九章）。类似的事情也发生在Biothane公司（前身为CSM集团），公司在EGSB系统中使用专利保护的三相分离器［见图4-2(b)］，并和Paques B.V一样取得了商业成功，区别是这段故事有些复杂。我会在第九章讲述历史旧事的一些细节。

虽然EGSB系统很快成功实现工业规模应用（第九章），但该技术也存在局限。有些时候，技术局限往往要过段时间才会显露出来，EGSB系统就是这样。具体局限我在上文已经有所提及。从诸多角度综合来讲，EGSB系统毫无疑问要比传统的UASB要更加先进，不过，也有一些方面情况则正相反。本质上讲，两个系统可以优势互补。EGSB更适合稀释的溶解性废水，而UASB适用于部分可溶和高浓度废水。而两相分级的反应器设计（实际情况中经常用到）在两个系统都能找到用武之地，带来更好的处理效果和更小的占地。在工业应用领域，占地小是非常决定性的因素。在这一点上，传统好氧工艺因占地太大而完全没有竞争力。或许，近些

年新出现的好氧颗粒污泥技术能够来一较高下（Van Loosdrecht）。UASB和EGSB反应器的设计和建造超乎人们想象的简单。

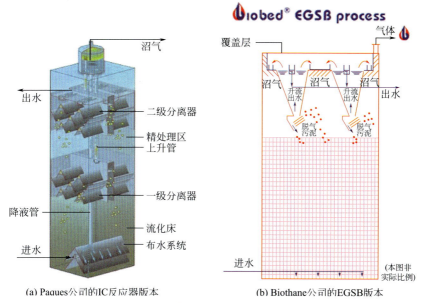

(a) Paques公司的IC反应器版本　　(b) Biothane公司的EGSB版本

图4-2　膨胀污泥床反应器示意

## 四、UASB和EGSB系统如何进一步升级，可有其他替代性的进展？

商业化后，技术的劣势往往会被隐藏起来。忙于市场推广的承包商和工程师不会去暴露这些问题。他们首先会尝试自行解决，之后会时不时地寻求高校专家协助分析和解决问题。然而不幸的是，高校里的科学家们，往往不具备这些公司技术专家所具有的广阔知识和技能。科学家必须找到他们自己的工作方式，更重要的是要能够申请到科研经费来拓展他们的知识面，而这一点正变得越来越难。我不喜欢这样的局面，非常低效。我们应该更充分地分享知识。令人沮丧的是存在这样一种看法，即科学研究者们将没有能力，也不愿意去为企业、地区和社会的经济发展去做贡献。尽管历史上的情况不是这样，至少我们这代不是这样。但这貌似是当今世界正在发生的事情。高校人士曾"受迫"参与行业事务及与工业界的合作，而现在他们在失去自由，怠于行动，例如不去追求有前景的创新。我认为这阻碍了环境保护技术的顺利创新和研发，具体在厌氧技术领域亦然。当然高校承担着传播知识的使命，这种使命对于商务运作来讲其实也有积极影响，而非是一种风险和负担。回顾我一生的个人经历，我们和工程公司、咨询公司一起，从开放式的合作研究和联合项目中受益良多，即使项目涉及"保密"研究也无妨。UASB和EGSB领域的工程公司，Paques B.V和Biothane B.V，在20世纪90年代后半期通过其领域内广阔的知识储备和技术积累，确保了稳固的市场地位。带着奉献精神，他们承担起了职业使命。不过，无论过去还是现在，我猜他们时不时会遇到一些与EGSB/IC反应器相关的具体问题，比如颗粒污泥的解体和截留。这些问题应该得到重视，我们科学家有助于解决这些问题，因为我们在某些特定领域具有丰富的经验。我已经提到实验室EGSB研究过程中遇到的各种严重的操作问题，比如处理含油脂废水和某些情况下（并非总是这样）处理"轻度复杂废水"如稀释啤酒废水、明胶废水（Petruy）、制糖废水时，产生的"基质沉积"和污泥上浮问题。在处理碳水化合物基质时，主要问题是酸化污泥的过度生长。

　　EGSB系统运行过程中一类重要问题是污泥颗粒粒径过大，以及与其相关的颗粒顺利增殖问题。颗粒不应生长的过大，也不能破碎成太小的碎片。这些问题部分取决于EGSB系统运行模式的设计。UASB系统和EGSB系统之间存在很多重要区别，例如反应器的高度、污泥床的混合程度等。这些因素对颗粒污泥的形成和增殖都有重要影响。从现象上看，UASB在颗粒污泥增殖上的表现要比EGSB要好，我会在下面章节具体解释原因。

> **未来可能会有更多厌氧反应器领域的技术创新，包括不同反应器概念的创新设计、分级，综合采用不同的反应器概念，新式的运行和维护模式，甚至新的最终产物类型。**

　　UASB和EGSB反应器可以被视为简洁、稳定的系统，高度的自我支持，无需机械设备，几乎不需要外部能源供给（电），运行期间基本上无需添加额外营养物质和化学药品。此外，反应器运行和维护所需的人工也很少。所以，称这些反应器概念为"简洁的技术"也不为过。不过，"简洁"指的是反应器构建层面，而对于厌氧过程来说就是另一码事了。所有专家都认可，厌氧过程极其复杂，尤其是众多厌氧过程影响因素之间也互相联系、互相作用。现在依然很难准确描述厌氧反应器系统中的所有反应，诸多谜团尚待破解。不过和20世纪70年代早期相比，目前状况已经提高了很多，我们加深了对厌氧黑箱过程的认知。通过介绍我们实验室取得的研究成果，我会说明这段认知历史。

不过对于反应器技术，我想事情并不像通常假想或者建议中那么简单。厌氧系统中很多设备和组成部分的设计和建造需要引起更多关注，甚至重新思考。尤其是像系统分级这样的工艺过程更应被重视。很奇怪为何至今为止大家在反应器分级上面的关注不多。相信很快这就会成为新的研究热点，分级理论会为反应器创新提供重要机会。

下面我将尝试介绍一些UASB/EGSB系统设备的具体设计，以及提供一些概略的提示，以助于其他厌氧工艺的研发。

### 1.气液固三相分离器（Gas Liquid Solid separator，GLS）

气液固三相分离器是系统的基本组成部分。没有三相分离器，UASB和EGSB无法高效运行。我们在脱氮升流式污泥床反应器中试实验中明确证实了这一点。易沉降的脱氮污泥聚集体（脆弱，结构呈絮状）只有在装备了GLS的反应器中才能顺利形成。针对气液固三相分离器的设计，需要思考其主要功用包括：①促进污泥床中所产生的沼气实现简便又彻底的收集和释放；②促进悬浮污泥颗粒的混凝；③应对气体收集器之间突然发生的水流下降现象，甚至利用该现象。至于通过三相分离器实现恰当的"污泥选择"，则需要在污泥床顶部和气液界面之间维持足够的空间（0.2～0.5m高），以"允许"在此空间内形成污泥覆盖层。从20世纪70年代早期CSM的中试研究开始，大量精力用于三相分离器的优化。在$6m^3$中试项目期间，诞生了受专利保护的CSM设计产品。大部分三相分离器在气液分离上表现良好，但在固体截留上则往往要差不少，比如CSM设计的分离器。在首座$5000m^3$工业规模UASB反应器处理淀粉废水工程的启动期，可以清楚地观察到这一点。或许该设备在反应器首次启动期间从污泥截留角度运行良好，不过这挺难评估的。不论怎样，我们知道数以百计装备了CSM公司三相分离器的工业规模UASB和EGSB系统运行良好。几个公司和大学课题组尝试研究升级版的三相分离器，例如使用筛网（Rinzema、Hwu）或者膜技术（Biothane公司）。

## 2. 溢流设备

该设备的重要性目前已经得到充分认识。其作用不仅在于顺利排出处理后的液体部分，更在于截留悬浮污泥颗粒和/或污泥，如污泥泡沫。在处理部分可溶废水，包括原污水（第七章）、屠宰废水、渔业加工废水和食用油加工废水时，污泥泡沫层现象经常发生。事实上，所有含大量脂质成分和/或脂肪酸的废水都会有这个问题。在一体式UASB反应器、分级UASB/EGSB反应器的第一级，都容易发生污泥泡沫现象。排水渠和在流槽前设置泡沫挡板后可以很容易防止浮渣层的形成。迄今为止，大家对"排水渠-流槽-挡板"的结构和设计关注不多。我相信该设备能显著提高系统运行效果，但显然在实际工程中其急迫性被忽视了，也可能大家没有时间来强调这些问题。如果考虑问题的根源，即与废水中存在油脂、脂肪、植物油和低密度纤维成分等相关，研发高效预处理反应器是个有趣的设想，其作用包括：①去除悬浮物质；②实现进入反应器物质的矿化。这意味着放弃使用一体式反应器，而采用"分级综合反应器"的概念，如同渔业加工废水（Rollon）和牧场废水（Van Velsen）的厌氧处理研究中所建议的一样。针对分级厌氧技术的技术手段和基础认知已经具备，并在经验积累发展之中。这毫无疑问会带来厌氧技术的巨大提升，甚至促成微氧和厌氧组合系统的出现（第五章）。

更复杂的溢流设备有待研发，尤其在某些特定情况下，需求更是非常急迫。比如，有时由于存在特定的菌群，细微污泥颗粒的洗出流失是不可接受的。实际工程中，这些情况出现在含复杂且难降解化合物的可溶性废水处理过程中。这类复杂三相分离器的设计选择包括使用"筛网"、使用膜材料、在沉降区填充填料和/或调整挡板外的空间。

## 3. 进水布水系统

UASB/EGSB反应器正常运行的基本条件是实现原废水从底部的均匀和稳定的布水。对于可溶性废水，这很容易实现，但对复杂废水和部分可溶废水，则要困难得多。目前已经研发了几种布水系统，其中一种成功应用在Cali（哥伦比亚）市政污水64m³ UASB示范工程中（第七章）。

## 4. 剩余污泥排放系统

在工业规模处理市政污水的UASB反应器中，剩余污泥的排放问题看起来简单,做起来难。这个问题不仅牵扯在正确的高度安装经过恰当设计的污泥排放管线,也涉及从反应器中排放污泥的正确流程。在污泥床的顶部达到一定高度后,剩余污泥的排放应该以一种足够缓慢和/或间歇的方式进行。无论怎样,在反应器的下部区域必须一直维持厚实的污泥床。同时在反应器运行过程中,最好在污泥床的顶部形成所谓的"污泥层"。这个污泥层主要由絮状污泥构成,可以延伸至沉降区域。致密污泥床对于污泥聚集体的形成和增殖都是必不可少的(第五章)。

图4-3为希腊Xanthi大学的Aivasidis教授在实验室中检查他的厌氧废水实验。

图4-3 希腊Xanthi大学的Aivasidis教授在实验室中检查他的厌氧废水实验

## 五、新型高效厌氧系统的设想,例如分级系统和综合系统

即使UASB/EGSB系统在未来很可能会继续占据主流地位,但针对其他系统的市场空间也肯定存在,包括各种版本的厌氧滤池系统、升级的CSTR系统和挡板反应器概念,以及厌氧膜反应器。我们很可能会目睹各种高效组合式反应器

和新型系统的研发和推广，比如下向流悬浮颗粒污泥床反应器。

其中，未来最重要的体系或许是分级厌氧系统，以及厌氧-好氧组合系统。之前已经多次提到，对于处理复杂废水、可溶和部分可溶废水，急需研发"工艺反应器分级"的工艺路线。而对于厌氧-好氧组合系统，极具挑战的可能性已经显现。我会在第八章回到这个话题。

我眼中另一个令人着迷的好主意是，取代传统的产物甲烷，一些学者科学家希望研发能够产生电能和/或高值大分子化合物的厌氧系统。看起来这些研究尚在进行中，例如高效酸化颗粒污泥床反应器。这些发展方向是个吸引人的谈论话题，但不在本书的写作范围之内，况且我也并不掌握该领域内的最新进展。

# CHAPTER FIVE

第五章

## 进一步阐明厌氧废水处理机理——应用拓展

## 一、避免"重建"

在本章节，我将尝试简明扼要地回顾我们在不断发现和了解厌氧消化/厌氧废水处理这一黑箱过程中的贡献，与此同时本章节也涉及了对我的博士、硕士研究生工作的评价。在我着手动笔后不久就发现，本章的写作是一项困难又费力的工作，但我还是坚持到了最后。虽然离完美还差得远，但希望我所有努力都是值得的，因为，这些内容可能有助于降低学术上草率"重建"的风险。或许能够给一些（青年）研究者有用的启迪。无论如何，这都是留给我所应该做的事。我会集中谈几个话题，如果能引发有益的思考，一些课题或许能吸引更多人跟进研究。

如在第二章中所述，在20世纪70年代，对厌氧消化系统的微生物学、生物化学和工艺技术的了解都处于非常早期的阶段。厌氧系统被用于稳定(矿化)初沉/二沉污泥和处理高浓度有机废水更多的是依靠技术经验，而不是基于对机理的理解。人们做了诸多努力来加深对厌氧过程的认识，尤其是美国的一些微生物学家（例如Bryant、Zeikus、Wolfe）和生物技术专家（McCarty）。在McCarty停止厌氧领域的工作后，我们承担了继续开展研究的"使命"。很明显，我们必须提高对厌氧消化和厌氧废水处理技术基础方面的理解，其中也包括污泥的厌氧消化过程。虽然污泥厌氧消化已经有了数十年实践，考虑到其涉及很多种难溶性"困难的"基质的转化，事实上它属于厌氧消化工艺最复杂的应用。难溶性物质厌氧降解的四个主要阶段，即所谓的水解（液化）、酸化、产乙酸和产甲烷阶段在本章中依次都有涉及。目前对于这四个阶段的理解（2013年），亦远远不能令人满意。我们的研究团队在与微生物系的同事（Zehnder，Stams，Plugge）的紧密合作下，成功地对厌氧黑箱的过程机理获得了更多认识（见图5-1）。

其中，我想对一些对现代厌氧技术的实施和优化应用起到实质性促进作用的重要研究成果进行介绍。我们非常有幸，在这些年中有很多聪明、有热情的硕士生、博士生和博士后们加入我们团队，同时我们也及时地从政府、企业和国外研究生项目外部资金获得大量实质性支持。在提高学术视野、创新地开发处理工艺、丰富各种测试手段等方面，学生们贡献良多。例如，厌氧污泥样品动力学特征的测试方法、特殊化合物的毒性、基础营养物影响和微量元素测试

## 第五章 进一步阐明厌氧废水处理机理——应用拓展

等，也包括用于测定可获得最高去除率的UASB回流实验、废水及中间产物中各类污染物的生物降解速率和最终降解速率的测定实验等。所有这些内容在博士论文和公开出版物中都有详细的阐述，原则上讲，一切都是公开的，所有人都可以获取。时间匆匆，铁打的营盘流水的兵，一代又一代的青年研究者们前来求学、学成再离开，在成长过程中不断提出自己的创新。事实上，他们正日益不断地被资助机构"逼着"提出更多吸引人的创新。这往往导致的结果是，许多虽

图5-1　Fons Stams，我们的微生物专家（瓦赫宁根农业技术大学）

然老旧、但依然有用的成果反而被忽视了，有些时候甚至武断地将"老旧"视为"过时"，而将一些知识置入无人问津的角落。可以理解，当前信息大爆炸的时代，年轻一代的研究者们无法把时间花在这些"老旧"知识上，即使这些都是本专业领域的一些重要积累。这是一种令人遗憾的学术"重建"，用我自己的话说是一种对宝贵学术资产的破坏。我个人的观点，退休的科学家们有责任去确保有价值的发现和经验永远不被丢弃，以阻止这种学术"重建"悲剧的发生。对于我来讲，这本书就是我第一步的努力和尝试。我也深知还需要付出更多的努力，因为目前的工作远远不够，也不均衡。伴随着我们系和其他研究部门近几十年开展的专业研究，我们成功地加深了对厌氧过程多个基础领域的认识和理解，尤其是从技术角度对高效废水厌氧处理系统的认知。基于这些博士论文、工程师的项目报告、硕士生和实验助理（Van der laan 和 Hobma）的报告，我认识到我要讲的很多内容在某种程度上与我之前讲的有所不同（有些甚至自己都没意识到）。

在第四章中，我阐述了需要对UASB和EGSB系统的一些固有思路进行重新思考，以提高技术简洁性。如上所述，这本书不可能从细节上总结和评价我们实验室所有的研究成果。这仅仅是一次尝试，粗略地挑选一些主要发现和发明。再次强调，我希望这些内容有足够价值，可以吸引更多的人开展跟进研究，甚

至进行长期的、甚至跨领域的合作。

## 二、固定化，污泥颗粒化现象

固定化已经成为、现在也依然是我们主要的研究方向之一。事实上，最新一篇关于该课题的博士论文（Shahrul Bin Ismail）在2013年12月11日刚完成了答辩。关于污泥颗粒化的研究最早要追溯到1973年，那时我们在一个$6m^3$处理甜菜废水的中试反应器中观察到颗粒化现象（第三章）。从20世纪80年代早期起，颗粒化成为我们的主要研究课题方向。Zehnder（微生物）、Lyklema（胶体化学）和其他合作者也加入了研究，同时参与的还有其他荷兰高校，比如阿姆斯特丹大学开展了产酸污泥的颗粒化研究（化工和微生物学院），此外还有20世纪80年代末的代尔夫特理工大学（Heijnen）。后来，颗粒化也逐渐成为国际上许多大学的研究课题（例如香港大学的方汉平教授）。由于在实际工程中具有举足轻重的重要性，甚至对于其他学术领域，颗粒化也是个充满吸引力的课题。

对颗粒污泥产生现象普遍的理解是生长（极其）缓慢的微生物不断集聚所逐步导致的结果，例如产甲烷菌、产乙酸菌、硝化细菌、微氧细菌和其他微生物等。不过，对于快速生长细菌，颗粒化现象也能发生，例如反硝化细菌和一些生长速率很快的好氧细菌（Van Loosdrecht和De Kreuk）。在自然界中，集聚现象无处不在。集聚现象不仅发生，甚至在持续地发生，好似一种具有进化意义的驱动力。根据德日进（Teilhard de Chardin）的观点，生命从起源开始就在聚集中不断进化，生命体（无论以何种形式）逐渐演化得愈加复杂，同时伴随着生命功能的不断增加。因此从这个角度来说，完全没有必要惊讶厌氧微生物具有聚集能力，毕竟颗粒化使得微生物群落显著受益。

我们首先思考的问题是颗粒化现象背后的机理是什么。当我们第一次在$6m^3$中试反应器中观察到厌氧颗粒污泥后（接种污泥为城市污水污泥），该问题就已经摆上桌面，该如何着手研究呢？颗粒化过程中有众多影响因素，而分析每个因素的独立实验都非常耗时。我们决定首先集中研究接种消化污泥的特殊性质对颗粒化产生的影响（De Zeeuw），然后再评估基质成分的影响，例如，是否存在非酸化溶解性碳水化合物、VFA的浓度和组成、一些特定成分悬浮固体的存在及其特性和浓度。此外，研究这些因素影响的同时，操作条件和工况的影响也要考虑。简而言之，我们面临繁杂且需要展开研究和分析的工作。并且很明显，我们需要对"颗粒污泥"进行学术定义，即"颗粒"一词到底指什么？De Zeeuw、Hulshoff Pol和Wiegant是对这一挑战性问题进行探究的第一批博士。De Zeeuw和Hulshoff Pol重点关注中温情况，Wiegant关注高温下的"首次启动"过程。他们成功阐明了所谓"选择压力（Selection pressure）"在颗粒化过程中起主要推动作用的机理，包括颗粒早期萌芽的选择性保留。颗粒化是一个包含了生长、固定化、种群选择、物理化学交互作用和"成熟"的美妙过程。"机遇"起到非常重要的作用。微生物集聚过程起于形成微小的、较难沉降的、蓬松的聚集体，一种类似"意大利细面条"形状的颗粒初级形态（Wiegant），我们将其命名为"初级颗粒（primary grains）"。无论是过去还是现在，在反应器启动阶段对初级颗粒进行识别都是一件困难的事情。但不论怎样，只要这些初级颗粒存在并很好地滞留在反应器中，他们就会逐渐变得更密实和紧凑。这是微生物在初级颗粒框架下生物量倍增的结果（已经固定化）。新生代微生物几乎不会从框架中脱离。通过这种方式，初级颗粒逐渐长大，形成易于沉降和极具活性的生物集聚体。这个"首次启动"实验过程非常耗时、耗力。

回顾利用实际UASB工程进行"首次启动"研究的那段历史，我们多次注意到，当反应器启动过程中出现接种污泥(采用城市污水污泥或牛粪作为接种污泥)从反应器中被洗出的现象时，"用户/业主"通常不够耐心也非常没有自信。我们这些"瓦赫宁根的专家们"在说服他们坚持和接受这种污泥流失现象时遇到很大困难（见图5-2）。而当我们不希望把被洗出的污泥回流回反应器时，我们遇到的困难更大。不知有多少次，我们不得不解释生物选择过程的重要性，尤其是当污泥量降至最小值时。启动过程的首要原则是在逐步增加反应器负荷的运行条件下获得和维持高去除率。这是非常重要的过程，因为维持高去除率可以让系统筛选获得合适的产甲烷菌生长，即这些微生物具有对挥发性有机酸非常高的亲和力。因此，需要在低基质浓度下筛选获得活性高的微生物。现在这已经是被普遍接受的一项重要原则。如果在高基质浓度下启动反应器，获得的产甲烷菌群在低基质浓度下的活性也相对低，而这不是实际工程上所希望的结果。关于启动过程在厌氧流化床系统中的应用，在第四章有相应讨论。

图5-2　Bram Klapwijk，我们的生物脱氮专家

与颗粒污泥形成过程一样重要的是理解颗粒的繁殖再生机理，和针对性使颗粒污泥适应不同的废水和生长环境，例如通过改变颗粒污泥内微生物组成来适应不同实际要求。对已成熟的颗粒污泥进行驯化，如将新的生物引入颗粒污泥的框架结构，但其成功可能性很有限（见图5-3）。事实上，新引入的微生物只能通过附着在颗粒污泥外表面，因为其很难通过颗粒污泥的外部孔隙进入颗粒污泥内部。而且，它们真正成为颗粒污泥的一部分需要花费很长时间，因为该过程主要依靠颗粒污泥的再生过程，即颗粒污泥成熟后的自然脱落。多年以来，除了我们学院生物工程技术领域的博士外，瓦赫宁根大学微生物和物理化学方向的博士也在厌氧污泥颗粒化现象的研究中发挥了重要作用（Dolfing、Grotenhuis、Rijnaarts和Van Loosdrecht）。

1979年，在Cape Town反向流Dorr-Oliver消化管中观察到颗粒污泥存在后，我便意识到UASB系统并非可以形成颗粒污泥的唯一体系。文献报道，在机械搅拌非常缓慢和高污泥保持条件下，厌氧CSTR反应器也可以形成颗粒污泥（Fang）。在颗粒污泥研究领域，最显而易见的问题是，在什么状况下我可以把污泥集聚体视作颗粒污泥，而非简单的微生物集聚？在反硝化USB中试反应器

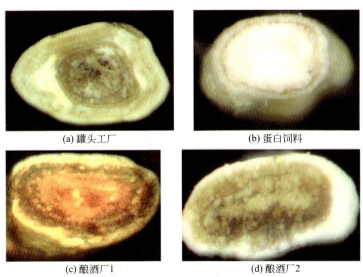

(a) 罐头工厂　　(b) 蛋白饲料　　(c) 酿酒厂1　　(d) 酿酒厂2

图5-3　由不同类型工业废水驯化得到的各类颗粒污泥

中我们观察到的污泥颗粒非常松散、脆弱,与其说是颗粒更像是集聚体,但它们的沉降性能却非常好,该如何界定它们呢?与产生的集聚体的种类无关,颗粒污泥的主要机理是,沉降性能差的污泥组分被选择性的洗出,且/或选择性地保留适当的核心用于颗粒化(De Zeeuw、Wiegant、Hulshoff Pol、Van Lier和Alphenaar)。所有生长缓慢的微生物,包括硫酸盐还原菌(例如Visser)都可以在恰当的运行体系中形成颗粒污泥。另外两个重要条件是反应器中存在具有一定厚度的污泥床,和足够的基质能够维持所有保留下来的污泥量。这意味着我们需要适当的最低限度的搅拌,即适合的所谓的"温和"搅拌,并且能够承受污泥床偶尔在竖向的完全混合。既然集聚过程中主要驱动力是微生物生长,所有与微生物生长有关的影响因素都非常重要,例如:①动力学因素、细菌生长速率、产率和死亡率,特别是死亡细菌物质的衰败率;②基质组分和浓度、宏量和微量营养物质、抑制化合物的存在、盐度等和无极化合物的存在;③可承受的有机负荷和水力负荷。

如上所述,缓慢生长细菌和极度耐饥饿微生物如产甲烷菌、乙酸菌、硝化细菌等都擅长产生微生物集聚体。它们甚至在"彼此追求"中实现集聚状态,并因形成平衡生态体系而受益,因此或多或少的自然力在促使形成社会个体的高级形态。在高温条件下,颗粒化过程几乎可以在任何中温污泥接种物的葡萄糖基质条件下顺利完成。

一旦完成系统的首次启动过程，就意味着反应器中填满了颗粒污泥，系统体系可以适应极高的容积负荷，例如，以挥发性有机酸为基质时，容积负荷可以达到104 kg COD/（$m^3$·d）(30℃)，以酒精发酵行业等更复杂废水如稀释的酒糟废水（COD 为17 kg COD/$m^3$）为基质时，容积负荷可以达到86 kg COD/（$m^3$·d）。我们（Wiegant 和 Van Lier）还发现高温系统需要反应器分段运行，以实现丙酸的顺利降解。丙酸降解过程的中间产物氢气是抑制物。而对于中温体系来讲，分段看起来就并非不可缺少，当然，如果处理对象是含有难降解芳香族化合物的废水（Kleerebezem），分段也会带来好处。

到目前为止，包括死亡率和可生物降解死亡细胞的衰败率在内的动力学因素，并没有得到足够关注。产甲烷菌在没有进食条件下依然可以生存长达几年时间，饥饿过后几乎没有可生物降解物质残留。然而，对于快速生长细菌来讲情况完全相反。基质不足时，它们会迅速死亡，且死亡后的菌体一般可生物降解性很好。这类微生物，如酸化细菌很难颗粒化（Soetemeyer、Beeftink）。虽然它们很容易集聚生长，但由于微生物的快速饥饿，颗粒无法处于稳定状态。只有在低水平饥饿速率下，酸化菌的颗粒污泥床系统才能稳定。例如在13～15℃条件下就是如此。在更高温度条件下，内部生长的酸化菌促进了甲烷菌颗粒污泥的形成(Alphenaar)，准确地讲，酸化菌的死亡和易降解为幸存下来的产甲烷菌和酸化菌生长提供了空间。这些细菌非常稳定并且无处不在，甚至在好氧环境下也能在某些合适位置发现其踪迹。因此，与其他慢速生长的厌氧细菌一起，它们可以共同构成好氧颗粒污泥的核心（Van Loosdrecht 和 De Kreuk），这是最近一项激动人心的重大发现。

因为创新的好氧颗粒污泥污水处理系统具有占地小和能耗低的特点，好氧颗粒的发现或许有助于延续、甚至促进当前广泛应用的城市污水好氧处理模式。目前，首座好氧颗粒活泥工程运行良好（Van Loosdrecht）。

所有污水处理生物技术专家都一致认为，颗粒污泥形成现象是一个奇迹般的发现。我们的博士通过与瓦赫宁根大学微生物学系和胶体化学的同行们（Dolfing、Grotenhuis、Rijnaarts 和 Van Loosdrecht）的紧密合作，为增强对污泥颗粒化现象背后机理的理解做出了重大贡献。

除了形成过程，我们也需要理解如何避免形成体积过大或过于密实的颗粒污泥，以及如何实现颗粒的不断再生。为了实现再生，颗粒污泥需要在一定时期破裂成碎片，并且碎片的数量需要保持有限，因为这些碎片需要具有一定的体积和重量以确保其在正常的运行条件下不被洗出反应器。急需搞清的问题是：较大粒径的颗粒污泥为何、又是如何破裂的？目前获得的证据清晰表明，颗粒破裂机理是颗粒污泥聚集体上形成裂痕。这些裂痕产生的原因预计是颗粒内部产生沼气的积累/截获。颗粒内积累产生的沼气通常不能、至少不能轻易从颗粒结构中逸散，因此颗粒内部气体积累产生的压力不断上升，直到气体突破颗粒主体出现的裂隙逸出。裂隙的形成是一个持续的过程，在聚集体上产生的位置具有不确定性，基质可以通过扩散和对流机制裂隙穿透。由于这些裂隙的存在，颗粒污泥的生长最终是不完整的并会发生解体（见图5-4）。至少还有一个与反应器相关的、影响颗粒解体现象的因素，是污泥床或反应器的动力学。反应器中，颗粒污泥偶尔会因为沼气积累引发污泥床的翻转剧烈上升，因此可能导致颗粒污泥突然暴露在骤降的水压环境中，这会大大促进颗粒污泥的解体。这种污泥床翻转现象尤其常见于UASB系统的污泥层，在EGSB系统中则少见得多。这也意味着UASB系统无论对于颗粒污泥的形成还是培育都是一个完美的体系。EGSB系统则不具有该优势，因为EGSB中颗粒污泥持续处于相对较强的垂直混合之中（高上升流速和表面流速）。颗粒污泥的被迫上升发生太频繁、太快，因

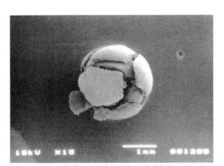

(a) 颗粒污泥聚集体上的裂痕

(b) 沼气释放漏斗：产物移除(沼气)

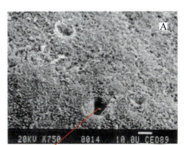

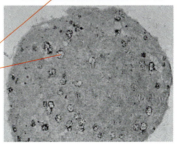

图5-4　颗粒污泥的破裂

此,颗粒很难形成刚才所述的裂隙,这也导致EGSB系统中的颗粒粒径往往过于庞大。这是EGSB系统在实际工程运行中的一个重要问题,并且还会伴随发生污泥漂浮现象。这些问题可以通过颗粒污泥破碎过程或者安装改进GLS设备来解决,这有助于公司的工程师们找到新的解决方案。

在实际应用过程中,颗粒污泥床技术有一项非常重要的考虑,即希望找到一种方法或措施,使得从某种基质培养出的接种颗粒污泥同时也能适应其他不同基质(成分和浓度)和环境。基于这个目的,需要经常尝试将新的微生物引入颗粒污泥结构中。然而,由于新微生物需要从主体溶液渗入颗粒污泥结构内部,而颗粒污泥大部分孔隙尺寸都很小,导致成功引入新微生物的可能性很小。新微生物的结合主要通过在颗粒污泥外表面附着的形式完成。由于需要经历上述章节描述的颗粒污泥解体再生过程,因此在这种模式中,新微生物真正成为颗粒污泥结构的一部分需要经过漫长的一段时间。也正因为如此,反应器运行中有时会利用颗粒污泥"人工解体过程",如均匀的压碎颗粒污泥等,很可能就是为了寻求加速新微生物与颗粒污泥结合的一种方法。

## 三、水解过程

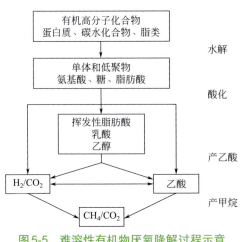

图5-5 难溶性有机物厌氧降解过程示意

回顾过去30年水解液化领域的研究结果,我忍不住要悲叹:"这是个多么复杂的课题!"即使经过诸多极为费力的研究之后,我们最终又获得了多少收获呢?其实并不多。我将在下文进行简明扼要地总结。

水解研究涉及大量关于UASB可行性的研究,例如研究处理脱脂乳废水(硕士研究,Van Velsen)、含脂质和/或长链脂肪酸(部分混合)有机废水(Rinzema)、蛋白质、碳水化合物和油脂混合废水（Petruy）、渔业加工废水（Rollon）、含油酸废水（Hwu）和针对筛选基质的水解实验（Sanders）。考虑难溶基质时，可以大约分为三大类，即酯类、蛋白质和碳水化合物（三大类下可以划分更多小类）。即使进行如上所述的分类，水解研究对象依然繁杂（见图5-5）。我将总结我们实验室主要的研究成果。

## 四、复合类废水处理的可行性研究

早在1974年，Van Velse以极开阔的视野开展了针对UASB系统处理脱脂牛奶废水可行性的研究。这里提及该研究，是为了作为具体例子来说明水解研究对象的复杂性。我们起初并没有预计到厌氧微生物在处理脱脂乳废水时会遇到太大困难，毕竟牛奶中含有人类日常饮食中的重要组成部分。事实上，在相对中等容积负荷条件下，厌氧消化系统可以轻松地处理牛奶中的各种成分。然而在稍微超负荷条件下，UASB反应器情况变得有些困难。由于使用市政消化污泥作为接种物，Van Velse的实验设计了"首次启动"过程。我们观察到系统很容易进入不稳定状态，即挥发性有机酸的形成速率高于消耗速率。这将导致污泥床pH值出现轻微下降，尤其是在废水缓冲能力有限的情况下。pH值细微的下降引发牛奶成分的混凝和沉降，就像常见的"牛奶变质"现象。一旦发生混凝/沉降过程，水解将成为主要的限速步骤，系统也会倾向于进入严重的失衡状态。然而需要提出的是，此时有机物去除率（基于进出水COD进行计算）依然处于令人满意的水平。这个结果具有相当的迷惑性，因为此时的去除率并不是通过我们想要的将有机物转化去除为甲烷（矿化作用）过程而实现的，而是通过污泥床中的沉降和混凝物质的捕集/积累作用实现的。无知的实际项目操作者如果忽略采取足够的运行保障措施，例如降低容积负荷、提供碳酸氢盐作酸碱缓冲溶液，厌氧过程可能会很快崩溃。系统崩溃的机制机理相当复杂，存在很多互相高度联系的影响因素，包括物理的、化学的、生物化学的、微生物学的以及工艺技术等方面。这项首次进行的奶类废水处理硕士研究给了我们清晰的信息：处理牛奶脱脂废水的高效厌氧系统的优化运行需要对厌氧过程全方位的良好理解，包括理解以厌氧为主转化过程如何影响基质的物理、化学特性，即反应器液相pH值下降的影响、发生基质沉降现象等。我们推迟了大约10年时间才再开始新的研究，以理解与复杂乳制品废水相关的技术瓶颈。有很多类似的其他工业产生的复杂废水，例如屠宰行业废水、印染废水、食用油废水（棕榈油、橄榄油）、脂类废水和现代畜禽养殖废水。当然，我们同时也一直关注产量巨大的市政污水的处理。

大约在20世纪80年代中期，我们重启了对这类复杂工业废水的可行性研究，包括食用油废水（Rinzema）、屠宰废水（Sayed）、渔业废水（Rollon）和模型基质模拟废水（Hwu和Petruy）。针对市政污水原水的可行性研究则在早些时候，1976年就已经开始。

屠宰废水的研究使用23.5 $m^3$ 一级中试反应器，同时进行了大量采用颗粒污泥UASB回流批式的补充实验。这些回流实验旨在阐明溶解态、胶体态和悬浮态物质在去除和转化过程中的限速阶段。当覆盖污泥颗粒表面的脂类薄膜保持足够薄时，厌氧污泥的吸附作用在脂类物质的去除和转化过程中显示出至关重要的作用。而对于牛奶脱脂废水来说，建立和维持吸附速率和脂类水解/降解速率的平衡至关重要。我们使用长链脂肪酸（LCFA）作为实验室规模的UASB和EGSB试验进料进行了更细致深入的研究，包括使用十二烷酸（$C_{12}$）和癸酸（$C_{10}$）。我们发现EGSB系统表现更佳，在高去除率前提下容积负荷可以达到32 kg COD/($m^3 \cdot d$)，相比之下，UASB系统在容积负荷达到5 kg COD/($m^3 \cdot d$)时就崩溃了。与UASB相比，EGSB系统的优势体现在污泥和废水的接触更为充分。在UASB系统中，污泥床基本处于静止状态，LCFA极易在颗粒污泥表面沉积/吸附，从而导致严重的污泥上浮和抑制。另一方面，我们也发现EGSB系统对废水中是否含有脂类很敏感，尤其在处理含脂牛奶乳液时。系统的容积负荷需要保持中等水平，实验结果进一步证实了10年前Van Velsen研究的稀释牛奶脱脂废水实验。奶制品废水大致可以归于较难厌氧降解的一类废水。不过我们还是可以建议对这类废水进行工程应用，并希望建设具备筛鼓式GLS装置（由Rinzema提议）的EGSB示范工程，处理含有蔗糖、明胶、啤酒稀释液和含脂牛奶乳液的复杂混合废水。第四章中有提到，Petruy博士在1999年承担了该任务。可惜的是，面对诸多无法解释的现象和困难，结果失败了。事实上，与其说希望通过实验寻求答案，不如说实验引发了更多新的疑问。我在本章节将讨论一些细节，这些细节可能都是在实际工程中会遇到的问题。我们发现如果混合液进料的组分分别进入厌氧EGSB系统，都是相当容易被降解的。令人称奇的是混合进料事情就不一样了。这里只描述大致情况。我们观察到明胶蛋白质的脱氨过程进展顺利，但是脱氨后的蛋白向甲烷转化则出现了问题。此外，如果提高进料混合液中的糖类物质浓度，脱氨过程会完全中止。更奇怪的是，伴随着脱氨过程中止，我们发现大量蛋白质转化为非酸化（NAS-fraction）的溶解态或/和胶体物质（由是否能滤过 0.45μm 孔径薄膜界定）。这两种 NAS 成分都是难厌氧降解的。在牛奶脂类存在的环境中，NAS 转化过程很容易发生。在反应器容积负荷上升一倍时，NAS 转发过程愈发迅速。看起来，该转化过程起源于动态吸附和解吸过程，其发生机理和发展过程目前依然不清楚。虽然只是猜测，但我们估计其引发因素包括负荷过高和/或使用未经驯化的接种污泥。整个过程的主要限速步骤是反应速率极低的水解过程，主要原因可能是酶类分泌不足和/或酶类与和固体基质的接触不充分。无论如何，该过程尤其发生在牛奶脂类存在的废水处理情况中，能否有适时、合适的酶类产生是过程发生的关键。事实上，多年以后的今天再次阅读这些关于奶脂类废水处理颇令人失望的实验结果，我一点也不怀疑 Petruy 研究工作的可靠性，反而有点开始怀疑牛奶和奶制品对人类健康的影响。事实上，在维基百科中有多份报告揭示了奶类和/或某些奶类成分对人体健康存在致命影响。

胡庆祥(Hwu)在他的博士论文中研究了多种接种污泥（也包括颗粒污泥）面对各种基质时分泌酶的能力，他发现很多污泥能力不足的主要原因不是废水特性或/和污泥比甲烷活性，而是比表面积这一关键因素。呈分散分布的污泥看起来更容易受环境影响。如果驯化时间足够长，比如允许系统彻底降解相应化合物，接种污泥可以适应脂类和 LCFA。以油酸盐为基质的连续 EBSG 实验表明，未经驯化的新鲜接种污泥在 500mg LCFA-COD/L 时就崩溃了，而经过预处理（轻微驯化）的污泥则在承受高达 4000mg LCFA-COD/L 浓度时，亦然维持良好运转。然而，实际工程应用中的最大难题是如何获得足量的且经过驯化的颗粒污泥，更不要忘记降解 LCFA 的微生物生长是非常缓慢的。考虑到在14℃或者更低温度时水解速率非常慢，且此时 LCFA 的降解几乎不会发生，优化提高反应器的运行温度是一个可行的解决方案。根据 Hwu 的研究结果，高温 EGSB 系统是处理油酸废水可行方案。我将在下面章节具体介绍，在此之前，我首先希望概要总结中温条件下处理复杂废水的研究成果。在遭遇到含脂乳品废水令人失望的实验结果后，我们曾咨询过瓦赫宁根大学畜牧领域的专家们，希望能得到可以解释我们特殊发现的答案,可惜咨询会议的结果只是再次告诉我们,乳类废水是一类多么复杂的混合物。这个问题看起来需要长期的跨领域联合研究。最终,就一步式高效厌氧系统在乳类废水处理上的应用,我们有如下建议:①反应器应维持在一个适度的负荷水平;②在废水处理系统中需提供足够的碳酸氢盐碱度以防止反应器pH值下降。与使用一步式系统相比,选择经过精心设计的新型分级厌氧系统是更好的选择,我将在下面章节中探讨这个问题。

我们对中温条件下处理复杂脂肪酸/含脂类废水进行了持续研究。下一步工作是尝试评估UASB系统处理渔业废水(Rollon的博士工作)。其研究结果比乳类废水的研究要顺利的多。高效一步式UASB系统展现出良好潜力。这与我们之前研究低浓度屠宰废水时的结果一致,虽然废水中脂类COD的含量不能超过总COD的47%。脂类含量过高将导致产甲烷过程严重受限,并再次出现脂类水解过慢引发的污泥漂浮问题。Hwu和Sanders发现在中温和高温条件下,产甲烷和降解长链脂肪酸(LCFA)之间明确的同步关系。这些结果也在渔业废水试验中得到证实。因此,我们的结论是产甲烷与保持足够的脂水界面呈正相关关系,其有助于水解酶的附着。另一方面,令事情变得更复杂的是,在这些脂类/LCFA体系中,经常可以观察到与产甲烷菌相关的抑制现象和污泥漂浮问题。这是个发散且困难的问题,需要长期的合作研究和努力,深究其细节不是本书的写作目的,总之,根据我们初步的理解,我将给出以下与实际应用相关的概要性建议。

一步式高效厌氧系统适用于渔业加工业废水的处理。如果满足一定的操作条件:反应器溶液中pH值保持在6.5~7.5之间,氨氮浓度应该低于1.5g/L和盐度(NaCl)低于15g/L,则可以获得稳定的处理效果。此外非常重要的是,运行过程中需要花费足够的时间来驯化污泥。此外,对于部分可溶且含脂类/LCFA成分的综合废水,所有实验结果都表明一步式系统不是最优选择。我们需要再次使用分级运行的模式,这是避免严重的污泥漂浮和泥渣层形成的唯一手段。这些发现当然也适用于市政污水原水的厌氧预处理,我将在后续第六、第七和第八章继续讨论这个问题。分阶段运行其实是一种顺应自然规律的选择,以技术的语言来说,这是一种可行且极具吸引力的运行策略,如今我们已经在这方面积累了大量经验。有一个非常有趣的系统——升流式基质沉降和捕集反应器(Upflow Substrate Precipitation & Entrapment,USPE),被提出作为预处理手段用以捕集（混凝/絮凝）脂类物质（Rollon）。USPE反应器与传统污泥厌氧消化反应器相结合平行运行最优的条件（中温和高温条件下）用来矿化USPE的剩余污泥，随后再采用可以获得另外的高效废水厌氧反应器作为后续处理步骤，最终可以获得完美的运行效果。

现在回到高温废水厌氧处理系统的应用。简言之，高温系统毫无疑问优于中温系统。所以条件允许时，我们建议在处理脂类废水或者长链脂肪酸废水时使用高温厌氧系统。有几个有用的观察结果，其一是Hwu发现EGSB反应器被洗出污泥的比油酸降解能力要高于保持在反应器中的那部分污泥，一组实验对比数据分别为129mg LCFA-COD/（gVSS·d）和84mg LCFA-COD/（gVSS·d）。不过反应器分级运行与此观察结果间存在一定争论。尤其针对高温系统，还有其他一些观点，甚至某种程度上中温系统亦然。下面章节会继续谈到这个问题。

关于水解过程的研究我们尚处于比较初级的阶段。幸运的是大家普遍认为需要进一步提高对水解的认识。然而考虑到水解问题的复杂性，这个课题的研究对于独立研究者和小型研究小组来讲几乎是不可能完成的。虽然其艰巨性有点令人生畏，但对水解问题的研究一直持续至今，可惜的是目前的研究有些不成系统，也经常是时间太短。当前的目标是寻求提高各类难溶物质水解速率和水解程度的方法。有文献报道，通过研发特种酶可以显著促进水解过程。这个愿景引起了壳牌公司（Shell）的兴趣，该跨国公司在2002年投资4600万美元与加拿大Logen公司成立了联合公司（Logen Energy），专注研发"Logen生物燃料纤维素转化技术"，致力于建设示范工程实现纤维素乙醇的生产。Shell的投资一直持续到2012年，但最终还是结束了在加拿大的投资。Shell还与巴西公司Cosan联合成立了Raizen公司，致力于成为巴西领先的糖类乙醇生产商。在荷兰，跨国公司DSM研发糖类生产乙醇过程所需的酶，显然DSM也意识到利用特种酶研发刺激以农业废弃物和糖类为基质的燃料乙醇生产的广阔前景。我很好奇这个领域未来会实现何种的发展。

# 五、硫酸盐的生物还原过程（$SR_{bio}$）

在1970年那个时代，生物硫循环的还原过程或许比产乙酸过程和产甲烷过程更令人迷惑不清。考虑到该过程涉及微生物之间的交互影响和繁多的复杂关系，这个局面是可以理解的。由于UASB系统在工业废水处理应用上的飞速发展，在实际工程中，运行方和工程师经常会遇到富含硫氧化物（硫酸根和亚硫酸根）的废水。因此，迫切需要研究清楚厌氧过程中的生物硫还原过程这一黑箱问题，尤其是我们认为该过程在实际应用中极具潜力。例如用于废水硫酸盐的去除和烟气中二氧化硫的脱除等，此外还有其他一些更具挑战的应用可能。比如从特殊废水和/或污染的土壤中去除和回收重金属（Tichy），这项应用不仅利用了生物硫还原过程，也同时会涉及氧化过程，以及两个过程的耦合。由于在20世纪80年代末期这几乎是个崭新的领域，因此我们决定引导我们的研究团队进入这个极具挑战的领域，同时再一次和微生物系的同行合作。

对生物硫还原过程的首次研究，起源于对UASB系统在食用油废水（Rinzema）和酵母/青霉素发酵废水（Mulder）处理可行性的探讨，这两类废水的硫酸根含量都很高。研究结果表明，生物硫还原过程不但不是，如卫生工程领域的人员基于公共卫生所得出的认识所言，是令人头痛的现象。恰恰相反，如果能够有效地解决硫循环过程中伴随的一些问题，如恶臭、腐蚀和反应抑制，生物硫循环过程能获得良好的应用前景。对该过程的研究成为多位博士生的研究课题，目标皆是提高对"应用基础"方面的理解认知。这里有大量吸引人的问题：如何为硫还原菌选择合适的电子供体；评估反应动力学特征和细菌的固定化能力；评估抑制作用和毒性作用；评价环境因素如pH值、氧化还原电位和温度的影响等。我们需要做出最佳的研究选择，因为在实际领域应用厌氧废水处理技术的工程师们正在等待我们给出答案，一些商业公司如帕克公司（Paques B.V）也急切地希望获得足够信息以推动技术的商业化，他们看到了新的市场机会。

第一份博士生工作的资金支持来自NETFO，1989年在瓦赫宁根大学成立的基金。之后很快我们就从荷兰政府和公司包括帕克公司（Paques B.V）得到了额外的资金支持。此外，欧盟资金支持的来自巴西的博士生和博士后也贡献良多。毫不夸张地说，在Hulshoff Pol和Lens的指导下，大家付出了卓越的努力。很遗憾篇幅所限，本书不能对这些博士生（Rinzema、Van Houten、Visser、Tichy、Weijma、Vallero、Oude Elferink和Paulo）和博士后（Omil和

Donlon）所取得的成就进行详细介绍。这里我只非常局限地陈列一些最重要的发现。

① 硫酸盐还原菌（Sulfate Reducing Bacteria，SRB）具有基质选择性，其最佳基质为氢和甲醇（甲醇适用于高温环境），它们也可以利用乙酸作基质。在中温和高温环境中，硫酸盐还原菌比嗜氢产甲烷菌更具竞争优势。

② 硫酸盐还原菌具有固定化能力，例如附着在载体表面或者形成集聚体。在这方面它们与产甲烷菌和产乙酸菌具有相似之处。

③ 在中温环境下，很难预测产甲烷菌、产乙酸菌和硫酸盐还原菌的竞争结果。

④ 虽然从微生物学角度已经对硫酸盐还原菌开展了很多研究，依然还有大量值得探索的问题存在。

⑤ 在操作温度超过65℃时，硫酸盐还原过程仍然可以顺利进行。

⑥ 在高盐度环境中（高于50g NaCl/L），硫酸盐还原过程依然可以顺利进行。硫还原菌可以竞争过产甲烷菌。

⑦ 通过接种提前驯化同种污泥的方式，UASB产甲烷颗粒污泥中硫酸盐还原菌的生长可以被抑制。硫酸盐还原菌看起来无法进入颗粒污泥的孔隙。

⑧ 启动和运行$SR_{bio}$-UASB是可能的，目前有两座实际工程在运行[帕克公司（Paques B.V）]。在我们实验室及其他一些研究组不懈努力下，生物硫循环在实际工程中已经取得广泛应用，并极有可能在不久的未来获得更重要的应用。

## 六、厌氧废水处理技术在不同温度和压力条件下的应用

不同温度和压力条件下高效厌氧废水/厌氧消化系统的应用，定将取得比今天更多的成果。生物硫还原系统亦然。这些厌氧体系比预期更加具备适用性和稳定性。甚至在高压条件下，例如超过2MPa，其适用性和稳定性依旧。虽然厌氧系统在高压下的应用尚且是未经完全探究的领域，荷兰的Bareau公司和瓦赫宁根大学环境技术系（Van Lier）合作展开中试研究已经取得了很具潜力的结果，在此章节不再赘述。

为了最大化的利用极端温度（以及压力）带来的好处，我们需要进一步提高认识。

### 1. 中温环境情况

目前大部分研究都关注中温范围内的应用，无论是在最优温度还是在20℃亚最优温度。一个非常重要的现象是，如果污泥负荷低于主导温度下的最高污泥甲烷比活性，30～35℃培育的中温污泥在较低的操作温度下也可以实现稳定运行。所有的微生物，无论中温或高温，都可以在远低于最优温度下保持活力，虽然活性比最优温度时下降很多（De Zeeuw、Wigent、Van Lier）。

然而，当中温污泥暴露在高于大约42℃的温度下时情况会变得糟糕，因为大部分污泥中的中温微生物无法承受如此高温；它们会迅速饥饿导致最终只有高温微生物可以生存下来。

### 2. 高温环境情况

高温微生物的种类繁多，其中一些可以承受超过65℃的高温，一些甚至可能承受更高温度，例如嗜热硫酸盐还原菌。然而，尽管从20世纪70年代莫斯科污泥厌氧消化实际工程中就有发现，在80年代中期以前，关于高温微生物的了解还很有限。那时也没有高效的高温厌氧系统的实际应用。尽管大多依靠文献和初步实验，高温系统的潜力当时就被看好，所以在80年代末很容易就获得了经费支持开展相关工作。Jules Van Lier开始了他的博士论文，对高温UASB系统的可行性进行全面评价。由于前期结果（Wiegant）清楚表明对于高温系统来说，分级运行是非常符合自然的选择，所以他把工作主要精力集中在颗粒化和"分级"运行上。中间产物例如氢（例如产乙酸过程会产生氢）对产甲烷过程抑制严重。因此当进料含有丙酸和更高级脂肪酸时，一步式UASB系统在去除这些化合物上面临很大困难。这些问题可以通过适当的反应器分级运行来解决，例如序批式反应可以驯化适应相应环境的污泥。如前所述，对于高温系统来说，分级运行是非常必要的，而对于中温系统则不然，虽然分阶段运行也会带来很大益处，例如中温处理含有对苯二甲酸同分异构体和芳香类化合物的复杂废水（Kleerebezem，1999年）。随后，我们集中研究高温条件下的甲醇降解过程（从1972年以来就一直常用作基质），包括Paulo的博士工作。他的论文延续了Florencio的博士工作。Florencio研究了微量元素的影响，不过是在中温条件下。

Van Lier博士毕业后成为了我们研究组核心成员之一，对很多在研和新启动的项目都贡献良多。2001年他接任我在NETFO赞助的主席职位，并在2010年成为TUD卫生工程系在环境工程和废水处理方向的首席教授（full professor）。在这个职位上，他应该让新一代的卫生工程师们理解高效厌氧技术的最新研究进展和潜力。时代变了，未来的卫生工程师应该是卫生生物工程师。

### 3. 低温环境情况

因为固体物质的降解速率非常慢，因此在低温情况下将厌氧处理技术用于处理含有大量难溶物的废水从未被视为可行。但事实上，无论过去和现在，对复杂有机化合物转化步骤中的限速因素以及可生物降解程度的了解一直有限。对于厌氧消化过程中形成的难溶物质，如产酸菌污泥，情况同样适用。我们知道在环境温度低于15～17℃时，水解过程反应的限速步骤会使总过程的反应速率降低到很低的水平。反应速率和程度是否可以提高，如果可以的话又是如何提高的，一直是极具开放性和挑战性的问题。至于如果要在低温下将高效厌氧技术用于含部分可溶有机物废水的处理，我们认为只有结合一个独立的、在优化温度下运行的厌氧消化系统时才有意义。这个独立厌氧消化系统的作用如下：①实现对UASB污泥中捕集的难溶基质成分的矿化；②产生稳定的具有活性的污泥，部分污泥可以回流进入UASB系统以维持系统内产甲烷能力在较高水平。这个组合系统也为（低温）处理含有溶解性非酸化糖类和脂类废水提供了潜在方案。

到目前为止，关于低温环境下产酸菌的饥饿/降解速率的有效信息非常有限。为了能够设计用于低温环境下的高效产酸反应器，例如升流式酸化污泥床反应器（Upflow Acidogenic Sludge Bed，$UA_{ac}SB$），这些信息都需要掌握。这进而可能引出低温环境下对非酸化物质、可溶及部分可溶废水厌氧分级处理（使用分离的反应器分别进行水解和产甲烷过程）的新模式。在温度保持在大约12℃以下时，$UA_{ac}SB$反应器应该能长时间地应对低负荷反应，甚至应对进水中断的问题。在温度升高情况下，产酸污泥会迅速恶化并失去原有的沉降性能。

## 七、毒性

如果要评估和总结毒性领域的广泛内容，至少需要一本厚厚的教科书。这其实是好事，因为相比其他生化过程，厌氧系统面临更多的毒性和抑制问题。甚至有些时候，厌氧废水/厌氧消化系统自身都产生毒性和抑制问题。这个章节会总结我们的一部分研究成果，应该时刻认识到，这只占我们应该掌握内容的很小一部分。基于阅读的文献资料和我们所做的有限贡献，我要说，同时我认为大多数同行也会同意，那就是：如果能够驯化和使用合适的操作方法和处理系统，那么，厌氧废水/消化系统的适应能力将会是令人无比惊叹的。

我对毒性物质的最初经验来自20世纪60年代McCarty研究组的工作，如盐度的毒性和抑制作用的研究所描述的协同和拮抗作用。McCarty的第一位学生，Dick Speece专注于毒性研究并做出了很多贡献。在厌氧消化系统和UASB系统取得长足发展和大量应用后，在70年代末和80年代，荷兰兴起了对毒性课题的广泛研究。

在早期研究中，我们关注氨氮在猪粪厌氧消化系统（Van Velsen和Zeeman）和马铃薯淀粉废水（Koster）高效厌氧处理系统中的毒性。存在众多动力促进我们加强在毒性方面的研究，包括处理有毒废水可行性的研究需求，废水所含物质易于产生抑制性/毒性中间产物（例如氢）或最终产物（例如$NH_4^+$和$S^{2-}$）等。额外的需求还包括，针对20世纪90年代出现毒性物质造成的大量土壤污染问题，研究利用厌氧技术实现土壤修复的可行性。所以，毒性研究领域存在大量潜在可能，没有理由不进行探索。我们开始了单碳氯代物、甲醛和氰化物的毒性研究，也在某些实验过程中观察到奇怪的现象，比如在颗粒污泥暴露在氨氮浓度高达7 g/L时（Koster），2个批次实验的产甲烷过程都完全停止了，但在经过6个月的静止后，2个批次实验的产甲烷过程几乎在同一时间都慢慢恢复了。

在几个研究案例中，这些初步研究结果引发了对UASB系统更全面的评价，例如处理对苯二甲酸二甲酯（DMT）生产废水，含高浓度甲醛（2～3g/L）的废水。尽管甲醛具有很强的毒性，我们依然成功地运行了UASB系统，实现了对该废水的有效处理。其成功关键在于维持反应器基质中的甲醛浓度处于非常低的水平，因此，系统必须达到：①在高处理效率下运行；②进行适当的出水循环。基于这些研究结果，相应公司和咨询方决定建设运行实际工程规模的厌氧处理系统，并取得了巨大成功。之后在20世纪90年代末，Gonzales-Gil进行了更多关于甲醛降解机理的基础研究，她发现降解过程以甲醇和蚁酸为中间产物，而且甲醛的毒性是部分可逆的，这对实际工程应用具有重要指导意义。为了实现和维持系统的稳定运行，基于甲醛生长的细菌速率必须超过细菌衰亡速率。上述实际工程令人满意地满足了该条件。

在20世纪80年代中期，针对含有硫酸盐的食用油行业和脂类行业废水，我们开始了利用UASB完成其处理的可行性研究（Rinzema）。这是我们首次接触到微生物的硫酸盐还原现象和其带来的影响。如前所述，我们的目标是利用生物硫酸盐还原过程，而不是抑制该过程。然而当研究开始后，横在眼前的首要问题是食用油废水中含有高浓度的脂类。除脂类外，还有长链脂肪酸，以及$C_{18}$化合物（饱和及非饱和）和低分子量脂肪酸，如相对具有毒性的月桂酸和软脂酸，这些都是需要解决的问题。后来我们进行了高温环境下处理油酸的可行性研究（Hwu，1997年），这些内容在水解部分有过介绍。

在处理植物汁液类工业废水，如马铃薯淀粉废水的过程中，毒性/抑制问题也得到了很好的揭示。在20世纪80年代中期，Jim Field在我们系内开始了该领域的研究（见图5-6）。其研究关注的废水中含有处理各类农业原料过程中产生

图5-6　Jim Field（左）和Reyes（右）

的汁液，农业原料包括马铃薯、蔬菜、水果、木材和大麻等。Field开展了广泛的研究，希望能综合评价自由氧对新鲜植物汁液中存在的苯酚单体的影响。这项研究对高效厌氧技术的应用具有非常重要的积极影响，其研究结论是：不能将这些行业产生的新鲜废水暴露在自由氧中，而应该直接进入厌氧系统，因为此时废水中的有机物尚是可生物降解和没有毒性的，至少是毒性较弱的。汁液中的苯酚单体暴露在氧气环境中会导致难降解有机聚合体（腐殖酸）的形成，同时还会产生具有毒性的中间产物，例如马铃薯汁液会产生L-多巴。Field和他的研究组（Sierra、Alvarez、Kortekaas和Habets）在其他领域的重要首次发现还包括其评价和证实难降解造纸废水的厌氧处理的可行性。他们的贡献大大地优化了广泛应用于以木材为原料制浆造纸工业（森林废水）的厌氧废水技术，随后迅速扩展到多个复杂废水类型。如同我们系其他研究一样，这些工作也是在与微生物学专家（Stams）密切合作下完成的。这些研究的关注对象还有其他化合物的生物转化和降解，例如含氮芳香化合物和含氮染料（Eliza Razo Flores、dos Santos、Tan、Cervantes、Van der Zee）、氯代烷烃、环烷烃和氯代芳香化合物（Van Eekert）。我们在不断地研究过程中经历了愉快的互动，并激发了新的合作，比如评估UASB/EGSB系统处理含邻苯二甲酸盐废水（Kleerebezem）、EGSB系统的创新应用（Kato）、微量元素的诸多影响（Florencio），以及这些因素如何在腐殖酸存在的环境中互相影响。如果用一个词形容本领域的诸多工作，我会说"令人振奋"。

## 八、探究微量元素和螯合物的影响

我认为微量元素比我们想象的可能还要重要得多。我们需要懂得，至少要基本了解微量元素影响的来龙去脉。作为一类极其复杂的物质，微量元素的问题不仅是要搞清何种元素涉及了何种生物转化过程，还需搞清它们的交互影响，在何种浓度发挥功效，或可以被利用，又需要供给何种剂量。此外，还需搞清很多其他问题，包括在何种条件下以及为何微量元素会产生毒性，比如$H_2S$和螯合物扮演何种角色，还有其他问题等。从20世纪70年代中期我们就开始了针对微量元素的研究。事实上，在我们基于文献和微生物学家的建议，决定往首座UASB原型反应器的甲醇进料中添加少量微量元素时，我们或多或少就不得不正视微量元素的问题。尽管系统表现非常好，比如获得了高去除率、出水几乎不含挥发性有机酸、系统的反应是即时的和剧烈的。甲烷产生量和有机物去除率会猛烈下降，在出水中突然发现相对高浓度的挥发性有机酸，反应器pH值也下降到酸化范围。不过令人奇怪的是，产甲烷过程并没有完全停止。显然，一些以甲醇为基质的产甲烷菌在大约4.5的低pH值环境下依然可以进行产甲烷过程。Florencio在她的博士论文中证实了这一点，同时证实了进料中添加碳酸氢盐的重要性。

　　微量元素的问题不仅具有科学研究的价值，在实际应用中也具有非常重要的意义。例如，实际应用过程中我们需要知道所需微量元素的种类、原因和剂量。目前实际工程中往往会投加过量的微量元素。从这个角度讲，像我们这样的科学家和大家一样，对所需提供微量元素的浓度、成分和化学形式都知之甚少。无论如何，考虑到过量投加重金属混合物带来的环境污染问题，无论过去还是现在，过量使用微量元素的情况都是不应被接受的。

　　如前所述，微量元素是一类极其复杂的物质，在那个年代（20世纪70年代中）我们只能进行一些初步研究以及随后进行了一些硕士课题。我们最终发现在甲醇厌氧转化过程中，钴（Co）是最重要的微量元素，这个发现至少大大减少了实际工程应用中很多不必要的药剂投加！此后直到1987年Florencio开始其博士研究后，我们才对微量元素有了更多认识。她决定接受这个课题的挑战并把工作聚焦在以甲醇为基质的研究上。后来，Gonzalez-Gill也开展了这个领域的课题，她发现钴（Co）和镍（Ni）需要连续投加，投加量只要能满足细菌生长即可。

　　尽管取得了不少研究进展，需要解决的问题还留有很多，比如尚需阐明重金属螯合物的影响。我们获得政府支持和资金资助3位博士生在微生物学（Stams）和胶体化学专家（Van Leeuwen）合作下开展切实的跨领域研究。在那个时候（21世纪前10年）能申请到这笔资金是非常不容易的，毕竟政府层面的科研预算已经削减得非常厉害，而申请者的竞争却愈演愈烈。好在课题立项了，对这一复杂问题的了解又可以前进一小步。我们成功证实了类似腐殖酸的螯合剂的存在对重金属产生的影响（Van Zandvoort、Bo Jiang和Jansen）。不过，此后政府资金就不再支持这个领域的研究了。该研究领域看起来要基于长期的考虑，或者是我们没能向政府决策者们阐述清楚该课题的重要性。总之，我认为现在的关键是，无论是政府决策者、公众还是工业界，都只重视那些在短期内能给国家/地区/企业带来最大潜在利益的创新，比如促进经济增长和提高就业率。这是社会急躁的表现。关注长期公共利益，尤其是关注社会目前忍受的需要长期努力解决的系统危机的决策者们越来越少。因而导致了目前很荒唐的局面：大学的科学家们不得不花费大量时间和精力去为他们的研究寻求资金支持，而这些时间和精力原本是应该花费在研究工作上的。即便如此，若想为上述"重金属"这类课题找到经费支持也是几乎不可能的，尽管这些课题都非常重要。论及重要性，这些课题或许都超越其本身的研究范畴。根据Khatib的研究，他过去曾参与我们的研究项目并最终在美国取得重金属方面的博士学位，微量元素的问题是与生命根源息息相关的。无论如何，后来我们停止了寻找资金支持的尝试。我们"认输"的原因是，若想在微量元素这个复杂的领域取得进展，需要长期的跨学科的合作与努力，而目前的时机尚未成熟。

## 九、探究厌氧生物转化过程动力学特征

无需赘言，为了优化厌氧废水/消化系统，我们需要探究各类物质在各个厌氧生物转化亚步骤中与反应速率相关的所有因素。我们需要了解生长率、衰亡率和死亡细胞的降解速率，以及和降解速率相关的水解速率和生物可降解性。除此之外，我们也需了解环境因素的影响，包括温度、pH值、压力和是否有抑制物质存在。与其他生化过程相比，厌氧消化池尤其需要掌握相应的动力学参数，因为在一个池子里完成了包括水解过程、酸化过程、产乙酸过程和产甲烷过程，由于厌氧过程的各个步骤需要达到动态平衡。在这些厌氧步骤中，大量密切合作的微生物扮演了重要角色。这是跨学科的研究领域，需要探明物质降解路径和相关的微生物情况。因此，微生物学及生物化学专家与生物技术专家一同参与研究就显得尤为重要。在20世纪70年代早期，我们注意到微生物学及生物化学专家们不太积极参与这些研究，那时这些课题很难真正引起他们的兴趣。可喜的是，到了80年代事情有了改观，多学科的参与极快地从基础理论层面提高了人们对该领域的认知。

## 第五章　进一步阐明厌氧废水处理机理——应用拓展

掌握充分的动力学原理是对厌氧废水/厌氧消化系统进行有效优化的前提，也是实现厌氧工程广泛、有效实际应用的保证。比如在空间上分级运行的设计就需要理解动力学知识。对于厌氧系统来讲，其实际运行不得不面临大量多变的潜在环境条件，比如不同的温度范围和各式各样的废水类型。

高效厌氧过程的"首次启动"，即利用市政消化污泥接种的启动方式，是可以表明动力学特征重要性的一个好例子。通过在低的基质条件下保持污泥活性和/或抑制在高的基质条件下具有高比产甲烷活性的产甲烷菌的生长，最终可以驯化出合适的污泥（De Zeeuw、Wiegant 和 Hulshoff Pol）。

受 McCarty 理论思考和观点的影响，我们从厌氧研究的起始阶段就非常重视动力学特征的探讨。我们为各种产甲烷和产酸基质，例如挥发性有机酸和甲醇混合液，都建立了分析其动力学参数的简便测试方法，包括各种理论（Monod）动力学参数、生长率和基质吸引力。后来，我们给产酸污泥和硫酸盐还原污泥也建立了类似的测试方法。基于这些测试方法，可以分析微生物衰亡率和死亡菌体的降解率。

决定厌氧技术吸引力的一个重要标准是可用的污泥和容积负荷。除了环境因素外的主要决定因素包括：①污泥中微生物的种类和数量；②废水所含的和/或产乙酸过程产生的难溶污染物的可生物降解程度；③系统的污泥停留时间。

如前所述，难溶有机物消化降解过程的限速步骤是酶的液化。在低温环境和低于 15℃时其活性迅速下降，水解速率和水解程度都下降到很低的水平。在此种低温情况下，使用一段式高效厌氧废水处理系统似乎是不现实的，最好选用分级运行的方式，比如使用高效厌氧废水处理系统和厌氧消化系统耦合的方式。

对于溶解性的非酸化的糖类和蛋白质类废水的处理，情况非常类似，因为系统可以承受大量总体呈絮状的产酸污泥的产生。不过有的时候，如前所述，会很奇怪地产生大量难降解物质。

产酸污泥可以导致系统的严重崩溃和/或出现 UASB 反应器中的颗粒污泥上浮现象（Van Alphenaar，1994年）。另一方面，非酸化可降解碳水化合物废水中少量产酸污泥的存在，利于污泥颗粒化过程。前提条件是产酸污泥的生长和衰亡需要达到动态平衡。这又一次说明了了解（即使是粗略的）动力学特征（例如生长率）是多么重要。

▶▶▶ 通往可持续环境保护之路——UASB之父Gatze Lettinga的厌氧故事

第五章　进一步阐明厌氧废水处理机理——应用拓展

# CHAPTER SIX

第六章

## 高效厌氧污水处理技术在公共卫生领域的应用需求

> "大规模实施高度集中式的现代城市垃圾和污水收集、运输及处理系统,不仅阻碍了社会急需的资源优化循环,其本身的设计就有欠周全。"

## 一、公共卫生领域以有机物稀释为基础的集中式处理模式的实施

### 1. 饮用水领域的集中式处理模式

早在20世纪70年代刚接触公共卫生领域污水处理这个分支时,我还是个懵懂的新人,误以为下水道及排污系统是实现城市卫生安全的先决条件。如同很多人在当时和现在依然认为的那样,我也理所当然地相信,当时的相关专家和决策者做出的措施和决定都是恰当的。而且,那时候我的专长和兴趣仍主要局限在饮用水领域。但是通过跟饮用水处理部门同事的交流,例如参与一些专项

图6-1  Fohr教授在Bennekom实验室大厅的官方开幕式上,从此我们可以直接采用Bennekom的污水开展实验研究

小组，我逐渐熟悉了污水处理领域的决策制定流程，并慢慢开始带着怀疑的眼光重新审视一些问题。

和拥有化工背景的年轻同事一起，我意识到我们需要采取措施，去反对由当时卫生工程师占主导的决策队伍所制订的以输送为导向的政策。我们作为化学工程师，逐渐意识到当时的政策制订越来越多地把莱茵河作为集中的饮用水源，并将其和庞大的输送和储水系统相结合。我们认为基于化学工程的预防措施并没有受到足够的重视。不过，正如之前提到的，排污系统的政策制订在当时是有卫生工程背景的人的特权。我们感觉到，我们的观察和随后的抗议对他们的决策毫无影响。有关当局简单地要求我们要"忠于政府部门（的决定）"，他们暗示的意思是所有反对他们决定的批评声音都会被严格地封锁——显然他们当时有办法有效地控制那些化学工程师同事的异议。

大学里对有关饮用水生产的相对零星的批评的处理则大不一样。那时大学里的研究人员大部分都是年轻人，我便是其中的一员。尽管如此，决策部门依旧在他们的能力范围内，试图用可行的手段来阻止公众舆论的批评。对此我有亲身经历：1972年我向政府水务部门旗下的杂志 $H_2O$ 递交了一封公开信，表达我对他们一些决策的看法。我并没对采取这样的行动感到不安，因为我得到了当时瓦赫宁根农业大学的新上司 Fohr 教授的支持和鼓励（见图6-1）。当时饮用水部门的一个官员尝试让我撤回那封信，但是没能说服我。公开信最终得到了发表，而当时阿姆斯特丹饮用水机构的 CEO 也对此做出了回应：尽管他不完全同意我的观点，但至少理解了我的想法。无论如何，我想我的行动引发了足够多的来自部门以外的批评，在反对已建立的集中式系统这件事情上起了积极的影响。而某种程度上，批评声同样也会来自他们部门内部。跟饮用水问题相关的内阁部门（公共事务和环境健康部）曾决定就此问题组织召开公开听证会。Joost van Buuren 和我也被传召出席其中的一次会议。不久之后，瓦赫宁根大学环境系一个具有批判精神的学生团体也开始参与到这次行动中。逐渐地，反对的声音逐渐壮大。我想水委会的人肯定也注意到了这一点。后来，政府要求公共饮用水领域的卫生工程机构重新考虑之前的计划。最终原计划被大幅修改，只有极少部分被保留。

*"稀释是一种污染。"*

## 2. 市政污水的集中式处理模式

在20世纪70年代期间，也就是我在瓦赫宁根大学开始工作时，我逐渐发现公共卫生部门处理城市垃圾和污水的方式和土木工程十分相似。其中一位下水道和污水处理领域的权威是Koot教授，他在60年代后期荷兰代尔夫特大学卫生工程系开始他的职业生涯。实际上他是下水道和污水领域的第一位教授。我记得我和其他一些年轻的具有批判精神和环保意识的化学工程师和他见过几次面。在某些方面的观点上，我们与他和卫生工程部门的人观点相左。在环境可持续性这个概念的理解上，我们有偏差。另外，卫生工程专业的人在决策部门占据了统治地位，这情况在我们看来跟饮用水部门类似。另一方面，污水收集、输送和处理的集中式处理（Centralization in Sewage collection, transport and treatment, CenSa）在当时看来还不是个问题。跟其他普通市民一样，我们也认同人类的排泄物应该运出居民区，运到污水厂去处理。此外，我当时对污水处理的可行技术知之甚少。正如我之前提到的（第三章），我是在20世纪80年代初才意识到这种集中式处理模式的不足之处，尤其是在80年代起这种模式被过分应用后。传统的分散式处理，例如那些直到70年代还能在我家乡看到的粪便收集方式，逐步地被集中式处理模式所代替；并且，前者被认为是麻烦的过时之物。但就环境可持续性而言，现在集中化处理造成的影响恰恰和其预期的结果相反，例如在水循环和物质循环方面，它非但没有防止问题的发生，反而产生了更多问题。卫生工程界的相关人士似乎已被集体洗脑，或者接受了视野极其狭窄的教育，他们这样做可能只是为了保护他们的生意和饭碗。说到这里，我想再回到我在第二章提到的我和一位德国某城市市政厅官员的讨论。这位官员，大概和在这个城市工作的卫生工程师一样，认为所有关于建造大规模排污系统适合性的讨论都是于事无补的。决策者的这种典型思考方式是否暗示着我们（和这个社会）将（永远？）不能重新斟酌和讨论一些在过去做出的、极度浪费金钱的、不可持续的错误决定？若真如此，这对社会是十分危险的，尤其考虑到这些专家们通常对新型的技术（如高效厌氧处理技术）不甚了解，这就使这个问题更严重了。他们没有能力去正确评估这些能替代现有的昂贵的、集中式处理的可持续、低成本的创新技术的潜力。在社会其他行业领域，也蔓延着这种过度强调运输、转移重要性的土木工程模式的思维想法，而这个专业的人和思想支配了很多社会政策的制订。

## 二、化粪池的巨大价值曾经也应永远被重视

如今，一些偏远（农村）地区的居民被迫花费一笔巨大却不必要的开销，以把他们的住屋连接到集中式的排污系统。在我看来，这对荷兰的城市垃圾和污水管理而言是个悲剧的结果，很多其他国家也都如此。这些居民绝大部分过去都使用传统的化粪池（见图6-2）来对收集的粪便进行稳定化处置。全世界有数百万计的小型化粪池，也有不少大型的化粪池应用于商品房住宅和小区的粪便处理，例如所谓的Imhoff tank。这些在19世纪末20世纪初开发的系统，不管它们的"黑箱"特性存在多少争议，它们对防止和控制分散居民和居住小区的污染起着巨大作用。在当时这些化粪池的处理效果相当理想，而事实上，除非设计、运行和维护不当（尤其被用于过低浓度的污水），它们今天依然能出色地运作。实际上过去这种低浓度污水很少见，因为那时粪便没有被冲稀，这点我在第二章已经提过了。尽管这些处理系统的出水质量看起来相对较差，但无论是使用者或者他们的邻居，过去也很少有人抱怨（例如臭味）。尽管，我也认为需要补充一些后续处理，但对于住在农村的人来说这绝对不会是个问题，因为利用大自然的自净功能就能搞定。而且，基于这种（主要为生物处理）工艺，人们已经开发出很多高效而简洁的创新后续处理系统（见第十章）。

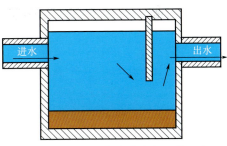

图6-2 传统化粪池的流程，是一个沉淀、消化和（矿化的）污泥存贮器

## 三、化粪池和Imhoff tank系统不该被废弃

无论在世界哪个地方，许多情况下化粪池和Imhoff tank系统依旧是最合适的处理方式。不过，跟任何系统一样，它们需要合理地运行和维护。第一，一个最基本前提是化粪池的污泥不应该在池子填满之前被清除。第二，化粪池绝对不能被清空！现有（古老）的操作手册已经把这点阐释得很清楚了。很难相

信，在现在的实践中，我们看到这两个基本原则逐渐被忽视。在世界各地，如希腊的乡村和郊区，如约旦首都阿曼这样的城市，又或者是菲律宾马尼拉的贫民区，配备收集容器和抽吸工具的现代卡车，每2～4周就会开到这些地方的居民区去清空化粪池。这种做法的代价是巨大的，因为：这样的系统不可能实现厌氧消化系统的成功启动，因为没有足够的时间实现粪便的充分矿化，这会导致系统不能积累足够的活性厌氧微生物。从而使得化粪池无法发挥其基本功能，实现预处理、矿化或者矿化后固体成分长期存储的作用。

因为那些来自新填充粪便或者出水的"持久"恶臭，业主被迫更频繁地清空化粪池最终导致恶性循环。

由于这种难以理解的运行维护方式，农村居民也就得被迫接受昂贵的排污系统连网工程。事情为什么会发展到如此地步？这问题该由社会学家来解释吗？我不这么认为，事情其实并没有那么复杂。主要责任应该落到相关机构、公司和权威等既得利益者身上。社会本身就是这么运作的。而对于那些相关水委会、市政厅、咨询顾问或者污水处理公司又该做何评价？把中关系阐明清楚是很有意义的事情。而那些政策决定者能做些什么呢？

## 四、冲水马桶的大规模实施

在今天，高耗水量的冲水马桶依然作为改善居住卫生条件和舒适度的现代先进成果，被推广给市民使用。正如我第二章提到的，它起源于20世纪下半叶。我依然清楚记得我们家在第二次世界大战刚开始时也装了这么一个冲水马桶。我们对这个现代舒适设备很满意，但实际上那个安放在牛棚里的旧式"收集式马桶"也运作良好。我记得这个过时的设备一直完好整洁地保存着，并一直供我们家人和农场雇员使用了好几年。我记得它并不臭。但是，像其他人一样，我们当时也认为冲水马桶是现代必需品，当时也没有人意识到它的广泛使用会带来随后的环境弊端。

其中一个缺点是，被大大冲稀的粪便破坏了之前使用的传统化粪池的运行效果。而在城市周边地区，因为没有充足的下水道系统，化粪池大规模运行效果变差导致了环境质量的明显恶化。结果导致了负责卫生工程的机构、饮用水和污水处理的专家以及政策制订者们，都不得不找出有效措施来解决这个巨大的污染问题，这也是个大挑战。

## 五、关于稀释影响的认识

现在问题来了：相关权威专家们（当时还有现在）是否充分意识到冲水马桶大规模使用的巨大影响？这在20世纪中期不是个问题——人们当时仍深信技术的发展和解决能力，而且当时对于环境污染负面影响的关注相对较小。但现在情况完全不一样了。每位卫生工程界的人都知道事情的真相。考虑到它们造成的巨大麻烦，在条件允许的地方，这些冲水马桶的应用本应到此为止了。我对此的观点不会改变。在已经完成工业化的国家，这个问题更像是一个路过的车站。所有市民实际上都接受了这个现代舒适设施，并且他们并不想要"堆肥马桶"那样的东西。另外，十分关键的是，排污管网的投资已经十分巨大。这是一个进退两难的巨大困局，而大部分市民并不知道他们为已经享有的（和想要的）不断改善私人舒适付出了多少昂贵而持久的经济负担。下水道和排污管网的寿命一般在40~50年，而且需要大量维护。它像是一个蚀本的大黑洞。在这个背景下，我想提及之前那位德国卫生工程师的观点（第二章提到的）。很显然，对于已经建立的卫生设施领域的人来说，这事涉及大生意和就业问题，但是它已经是变了味的生意，尤其是在那些相关专家、决策者拒绝合作，拒绝去为社会寻求更经济和真正可持续解决方案的时候。正如在第二章提到的，早在1840年Justus von Liebig就已经尝试游说决策者们正视有关最大程度实现资源回收的需求。他强调了回收磷资源的至关重要性，同样的还有有机土壤结构改良剂和肥料等，例如氨氮和钾。如今实现水和物质闭合循环的需要十分迫切，要求运用简洁、低耗能而且耐用的技术来实现废弃资源的回收、运输和处理。这个过渡转变期极度复杂。贸易、商业和决策者有他们显然的理由延续现行的处理方法。他们可以为住宅区确保一个干净的卫生环境和创造大量的就业机会。而最近的研究发展也显示，一些极有吸引力的现代好氧污水处理系统还有很大的改进空间。尽管如此，除了这些创新好氧技术去适应如今流行的观念外，我们看到在公共卫生领域迫切需要"重大"的观念改变，已经建立的卫生系统存在许多问题。

## 六、为公共卫生领域的观念转变寻找出路

许多专家都同意，在公共卫生领域实现一些重大的转变上没有可靠的经济性和可持续性的论据。但是却有一些道德理由有待解决，后者在为发展中国家的穷人寻求合适的卫生方案问题上尤为突出，例如实现联合国的千禧年发展目标（Millennium Development Goals，MGD）。发展中国家居民需要干净的居住环境、便宜又优质的饮用水和生存方式。卫生领域的专家和决策者们面对着进退两难的困局。大家都同意要为所有人，无论身处何处，提供自来水，这是每个人的基本需要。但问题是，提供多少才算足够。大家，尤其卫生工程界的工作者们，逐渐意识到把很大一部分供给的干净水源浪费在住宅区厕所和垃圾冲洗上是不可接受的。在水资源短缺的国家和地区，例如在种植季节，尤为不可接受。发展中国家的人们也承受不起建造下水道系统的巨额投资。另一方面，我们又必须找到有效的方法来防止因缺失排污系统带来的环境问题。本质上，富裕国家的人们其实也面临着类似的问题，只是他们没有觉察到罢了。现在的问题是，公共卫生领域的知名公司、决策机构和科学家们依旧把现代西方的解决方法作为一种理想的方式向发展中国家宣传推销。至少这是我的印象。西方工业化国家的援助机构坚持把净水供给问题摆在首位，而且其中的大部分都优先选择这作为首要目标，以致贫穷国家的人们或多或少感觉他们是被请求或强迫去安装冲水马桶。起码看上去是这样，尽管所有发展组织的顾问们都知道其中的负面影响——至少他们能够或者应该知道。我不能想象我的猜测有误。这种发展援助工作和活动是极端违背生产力发展的，甚至有点不道德的味道，尤其在这些顾问们知道那些由大学、研究院和基金会的研究者开发的合适的（可持续的）其他技术选择被束之高阁的情况下。我希望那些派遣员工到发展中国家参与援助计划的公立机构和公司（例如公共水委会和饮用水公司）能帮助他们的员工真正明白当地的实际情况。

而正如我之前数次提到的，就大部分公众而言，他们对那些发展援助组

织的工作知之甚少。他们自己的事就够他们忙的了，而且他们一般对此也没有兴趣和相应的知识。所以我只会对自己做审视：我也只是在20世纪70年代后期才发现了我们西方卫生事业的丑陋面。我是在20世纪70年代开始研究高效厌氧污水处理技术后，才慢慢建立了要开发能赋予粪便和垃圾新价值的理念和技术的迫切需求的意识和想法。我们需要想方设法去重新激活我们祖先的做法，例如在古代中国、韩国和日本，又例如在欧洲，就像我自己村里的那些可持续的（尽管技术层面上已经落伍的）成功实践。幸运的是，在许多国家、地区、城市和乡村这些做法仍常被应用，而这些系统和理念也可以让公共机构、工程师和当地市民不断去更新。如果更多的人能知道，实际上我们的祖先正是依靠自然循环的原则才得以生存下来，这对社会将是一大好事。卡罗琳·斯蒂尔（Carolyn Steel）在《饥饿的城市》（The Hungry City）中对此做了非常清楚的阐释。

## 七、我们要有在公共卫生部门寻求妥善解决方案的雄心

正如前边提到的，我和我的同事，无论是否在瓦赫宁根大学，都热切渴望能在环境保护技术和理念的发展及应用上有所贡献，为所有人，尤其是那些生活在恶劣环境的穷人，开发出可持续的、耐用的、经济上担负得起的环境处理技术及系统。作为一个环境生物学家，我的远大抱负就是终结昂贵的传统好氧污水处理模式，无论是现在的高效系统或者早期的低效系统。在我看来，它们都应被现代厌氧污水处理系统（例如UASB反应器）或者改良的化粪池系统所替代。因为无论从技术层面、经济层面，还是社会层面来看，后两者都是十分可行的。参考20世纪70年代工业污水处理领域取得的令人鼓舞的成果，我们对这个愿景十分乐观。不过，高效厌氧污水处理系统在污水预处理领域的可行性仍有待检验，这是留给我们的一个巨大挑战。我并不知道它要花费多少努力和时间，因为它真的是一项艰苦的工作。而在如今的2013年，似乎这一代的研究者还要付出更多的努力，而且需要让更多的人知道我们已经取得的成就。不过我们在正确的道路上前进着，众多合适的技术正在研发中，而且对其基本原理

的理解和认识得到长足的提高。它们将引领环境保护走向一个更可持续发展的阶段，例如一个基于全闭合的水及物质循环的分散式优化系统。通过这样的方式，我们将有望实现一个更高层次的自给自足，或者当地化的循环城市农业模式。尽管在过去一个世纪我们选择的处理方式严重偏离了我们祖先发明的理想（但技术上过时的）循环式处理理念，我们看到今天这个理念在技术上的复兴，以及科学理论上的进步，这终将帮助我们在今后的几十年里实现公共卫生领域需要的转变。而我们瓦赫宁根大学环境系的团队在推动污水处理技术发展方面贡献良多。在接下来的两章里，我将介绍在厌氧污水处理和厌氧消化技术方面取得的成就，而在第十章我将谈谈创新的后处理和资源回收（实现资源再赋值）等领域的技术。

# CHAPTER SEVEN

第七章

## 高效厌氧污水处理在温暖（亚）热带地区的应用

## 一、在热带地区率先开展用于污水预处理的UASB可行性研究的原因

正如前几章解释的,我认为用高效厌氧处理系统代替现有的好氧处理系统是一个很有吸引力的选择。不过我们得先证明它的可行性——我们也渴望接受这个任务。考虑到它在较高的环境温度下运行表现最佳,我们决定把可行性研究焦点首先放到热带地区和亚热带地区的夏季来进行。我们也把目标特别定在发展中国家,因为那些国家还没可能在近期建造昂贵的现代卫生基础设施。我们确信这样能够更好地推进实现千禧年发展目标。

## 二、在瓦赫宁根进行小试和6m³中试规模可行性实验

图7-1　Joost van Buuren,致力于在发展中国家开展工作

20世纪70年代中期我们开始用来自瓦赫宁根旁边Bennekom村的生活污水做综合性实验。我们采用一些规模为30～120L的小试UASB反应器和一个大的6m³反应器。为了模拟热带的运行条件,我们把污水温度加热到20℃左右。可能对于如今的年轻研究者来说难以想象,但所有的这些工作,包括投资和加热设备,都是用我们自己筹来的钱进行的。

我们得到的结果十分鼓舞人心,随后我们决定寻找一个可能的热带国家去验证UASB技术的可行性,最好是在发展中国家。这成了我们的大挑战和大麻烦——因为我们系里没有任何员工有在热带地区和发展中国家工作的经验。另外,系里的部

分人对这份努力不抱信心。他们不支持在这些第三世界国家开始这种颇具想象力的活动。相反，他们希望环境系能把精力和焦点放在我们自己国家的问题上。在他们看来我们在那里面临很多问题。但是我们其中几个人，Van Buuren, Van Velsen 和我积极接受这个充满挑战的想法（见图7-1）。问题是怎样开始，何时开始和在哪里开始。我们需要找到合适的国家和特定的地点，积极的合作者，当然还少不了资助和人脉等。这感觉就像一个徒劳的设想。

我们得在两个选项中择其一：Joost van Buuren 跟佛得角群岛建立了联系，而 Royal Haskoning 咨询公司的部门主管 Henk Onstwedder 则告知我他们要在哥伦比亚开展一个 UASB 的合作项目。实际上，这正是我想实现的，也就是"尝试在已经建立的公共卫生体系里唤起寻求污水处理替代方式的兴趣"。尽管经过了我们系委员会和 Royal Haskoning 职员的多轮审议，最终我们成功地达成一致。我们选择和 Royal Haskoning 开展合作，把哥伦比亚作为首选，而佛得角作为候选。

## 三、在哥伦比亚的Cali开始UASB系统的示范工程

Royal Haskoning 的相关项目官员 Louwe Kooijmans 熟知哥伦比亚的当地情况。他说他能在那个国家找到：①合适的合作伙伴；②场址；③所需的技术和物流支持；④最重要的是资金。他和他的公司和荷兰发展援助部(DGIS)有很好的关系，所以所有东西我们最终都获得了。我们自己并没有和DGIS有任何接触。我们和 Royal Haskoning 的协定是我们只负责科研的责任，而他们去处理组织运筹等工作。这是一个完美的协定，这样我们就不用为官僚主义的东西头疼。我们拟定了一份科研和示范工程的联合计划书，目标是在Cali验证UASB系统应用于城市污水处理领域的可行性，并把它提交给了DGIS申请资助。大概半年时间我们成功地获得了前三年的资金资助！跟我们对接的当地机构是哥伦比亚的大学 Universidad del Valle (Univalle) 的卫生工程系、Cali市负责污水收集和处理的机构EMCALI以及当地的一家Incol咨询公司。

一切障碍已经扫清。我们系的委员会、职工和学生都同意了我们的项目，自那以后一切进展顺利。30年以后回过头来看，很显然，如果没有Royal Haskoning，单单靠我们自己系，永远不可能从DGIS那里得到项目资助。与许多咨询公司和致力于发展中国家的NGO团体相反，我们就是没那能力和DGIS建立良好的信赖关系。过去几十年，我们作过几次尝试，不过都没有成功。对此我们其实是很难接受的，因为我们是如此深信UASB技术和它的后续处理系统对保护发展中国家的环境可以起到重要的作用。但是DGIS的决策者显然没这份信心，而且他们也可能有其他要务待解决，例如饮用水问题。

Cali这个项目最终持续了6年，我们研究小组和Royal Haskoning以及与哥伦比亚当地合作者建立起了互惠和创造性的合作关系。没有比这更好的结果了。当时的项目领导者是我们系毕业的研究生，包括了Schellinkhout项目的大部分和Wildschut项目的最后1～2年。许多研究生都在他们在读期间对这个项目做出了贡献，其中还包括了一些哥伦比亚学生，有些还进行了为期约6个月的实践培训。他们都学会了西班牙语，有些人甚至还带上在哥伦比亚结识的生活伴侣回到了荷兰。

这些实验都在一个64m³的UASB中试反应器中进行（见图7-2），这是我们根据之前在瓦赫宁根实验室获得的经验设计的。和UASB反应器一起，我们还

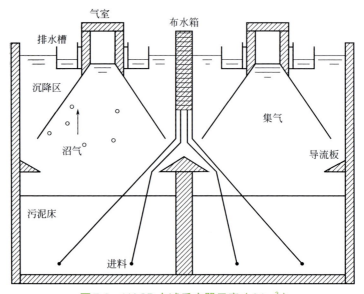

图7-2　UASB中试反应器示意（64m³）

做了一些小规模的后处理研究。项目产出的结果，特别是UASB反应器的运行结果，获得的污水厂运行和管理经验以及小规模的后处理系统的结果，比我们预期要好。

  在完成系统的全面启动后，我们发现，尽管进水的COD非常低（只有300mg/L），而且日流量变化显著，这个小型UASB设备能够处理3000人产生的污水，BOD去除率高达90%。另外，系统产生的剩余污泥能完全稳定化，反应器中排泥的总悬浮物浓度很高（2%），并且很容易地就能将含固率浓缩到4%。我们同时也发现了各种十分有吸引力的出水后处理方式，它们都具有技术简易性，例如紧凑型的生物转盘系统等。这种方式能够有效地去除剩余的污染物，如硫化氢等其他副产物。而且我们还获得了对反应器首次启动或不需要接种污泥反应器启动的资料信息、除臭的方法和污泥床动力学等理论知识更进一步的深刻理解。除此之外，我们还获得了很多关于设计、运行维护和所需建筑材料等方面的宝贵经验和知识。

  简单总结，我们从哥伦比亚Cali的中试试验得到的主要结论是在热带地区针对低浓度城市污水一级UASB系统就能构成城市污水几乎完美的预处理效果。我们把这结论作为正确的理论沿用了好多年。我推测那些在Cali研究的高度腐化的污水的模型能用于所有热带类型的污水，不过很显然事实并不如此。到达污水厂的污水特性很大程度上取决于污水在下水道系统的停留时间、温度、污水浓度和污染物的组成等。在下水道里就能发生的复杂污染物水解程度是一个重要因素。污水腐化程度越高，那么浮渣层产生的问题越少。相反，在Cali我们经常看到在沉淀池气液界面长出了一层浮萍（见图7-3）。我们花了好多年时间才搞清楚了浮渣层的形成原因。无论如何，那时候我们认为中试试验的出色结果足以说服当地公共卫生部门的决策者，在分散式背景的地方应用这种系统，并安装新式下水道系统这类设备。而且我们还想这能说服其他热带地区的决策者。

  UASB预处理技术不仅在热带地区，在一些亚热带地区的夏季环境也同样适用，甚至在温带地区也很有吸引力。例如在一些旅游度假胜地这就是一个很有吸引力的选择。Royal Haskoning公司对这个想法也是支持的，在当时这就是一个很有诱惑力的市场，至今也是，尤其是对于那些更新了的分步式UASB方法。我们慢慢认识到对于像城市污水这种复杂的污水类型我们需要分步式的厌氧反应配置。在很多情况下，热带地区的情况正是如此，例如处理一些相对"新鲜"

图7-3 在哥伦比亚Cali的64m³示范工程，请注意在气液界面长出的浮萍

的（还没有腐化的）污水，例如在较低的温度（<15～17℃）或者在污水管网比较短的情况下。这也是最常碰到的情况。用一步式的UASB反应器处理这种污水的运行人员不得不面对浮渣的问题。

## 四、在哥伦比亚应用UASB预处理生活污水

Cali市公用卫生部门的领导支持在市里实施优化分散式处理和UASB用于污水预处理的想法。当时没有理由对后续处理有任何担心，因为前期研究的结果表明合适的解决方法很容易就能找到，无论是传统的（在Cali中试场进行的补充实验）还是创新的（微）好氧处理（见第十章）。Cali的领导们相信这种分散式的处理方式能大大节省开支。最终，他们做出了一个英明的（在我们看来）决定，他们批准在市里的一个住宅区里建造一个两段式的1000m³的UASB污水厂。这真是对我们一个莫大的鼓舞，鉴于在Cali地区几个设计和运行都不善的小型UASB反应器的负面经历，这几个反应器都是当地咨询师设计和安装的。

生产规模的污水厂是在Royal Haskoning的监督下设计和建造的，显然也是完全按照之前单级UASB示范项目获得的深刻认识来进行的，我们认为根据之前在设计、尺寸、布局、分格和用材方面获得的经验建成的系统，是最理想的。

DGIS为这个名叫VIVERO的项目提供了巨大的财政帮助，包括了反应器的初次启动（见图7-4）。建筑施工任务约在20世纪90年代初期就完成了，然后马上就着手启动活动。我在工艺启动了2～3个月之后去访问Cali，一个非常棒的时机。那是一个非常独特的经历。之前已经被市领导和官员通知过，UASB启动测试现场的附近居民，逐渐开始抱怨那些在我看来非常不明确的恶臭气味的困扰。有些居民甚至说臭气是从厕所出来的。这些投诉声音在短时间内快速累积，而且刚好就在我抵达的时候，突然间变成了当地电台和电视上的热门话题。实际上我真的没把这些抱怨当回事，因为它更像是一场有组织的预谋——它像是居民被有意误导和唆使去采取那些行动。在污水处理地点，我仅仅在靠近没有加盖的、稍微腐化的进水泵站那里闻到一些臭味，但那地点离UASB反应器有一定距离。当然，要是说这事情早几个星期发生，情况可能就不一样了，因为当时由于施工不当，反应器里产生的沼气没有被收集，然后就从反应器里逸出来。但是现在问题其实已经解决了。但尽管如此，因为当地官员被这场含糊的骚乱吓到了，他们被迫暂停装置的启动进程，让技术员和专家们找到适当的解决措施平息居民的不满声音。3年之后，很不幸的是当Royal Haskoning不再参与其中后，当地官员"冒险"私下开始了新的启动计划。场地周围的灌木丛已经长得非常的高，居民无法发现里边发生什么事情。结果系统启动得很顺利，没有人有任何抱怨。实际上，没有人知道那里进行的一切。现在再回到1990年的那场骚乱，问题来了："那时哪里来的臭气问题？"在我看来，那不是来自附近的居民，我猜测市民是被当时忙于建造集中式下水道管网系统的咨询公司和建筑公司所煽动和操纵的。关于在Cali的VIVERO UASB污水厂的故事就到此为止，之后的事情我就不知道了。

几乎与Cali的VIVERO UASB污水厂运作的同一时间里，一个巨大的、四格的13500$m^3$池容的生产规模反应器在哥伦比亚的Bucaramanga市设计施工，不过是以现代的高度集中化的方式建造的。这个反应器是作为该城市大部分污水的前处理来构想规划的。设计和施工工作由荷兰咨询公司DHV完成。跟VIVERO项目类似，这项目的部分资金也来自DGIS的援助（见图7-5）。1990年我也去过这个污水厂参观，当时反应器的启动刚刚进行。像Cali一样，Bucaramanga项目的运行工人、工程师和当地官员也遇到了麻烦，不过主要是设计和工程的一些错误。咨询公司没有很好地遵照之前在Cali获得的指导经验，尤其是在三相分

图7-4　位于Cali（哥伦比亚）社区的VIVERO污水厂，规模为1000m³/d，建于1989年，投产于1993年

离器的设计和施工方面。DHV当时在那方面也没有经验和知识。他们花了好长时间才把错误修正过来，但最终由Schellinkhout担任项目工程师的运行和管理团队（他也是Cali项目的首位项目工程师）还是令人满意地完成了启动工作。我猜之后的运行也是令人满意的，因为我从没听过任何抱怨投诉。而后处理就放在原本用作处理整个城市污水的氧化塘里。如果单单只用后者会严重超负荷，但和UASB结合是一个相当合适的处理手段。

我们当时预期哥伦比亚公共卫生事业的发展方向会朝着这些发现的方向顺利前进。实际上我们更期待当地的工程师和有经验的（荷兰）咨询师会更加乐意和有能力去完善这个理念和实际系统。但很显然这样的事并不简单。

无论如何，回过头来我们很清楚地看到DGIS在推行高效厌氧污水处理技术的实施中扮演了至关重要的角色，在许多方面非常正面积极的角色。DGIS使我们能够在热带地区去证明一级UASB系统用于城市污水预处理的可行性，并使我们能够开展相应的科研工作，更重要的是它大大地促进了UASB系统在这个领域的推广。这是我认为"发展援助组织"应该干的事情。然而，用我现在有的经验和洞察力来看过去，就产生了一个问题："DGIS他们的人是否对在哥伦比亚卫生事业的付出取得的成就、影响和跟进事宜感到满意？"在过去几十年里，我才意识到，实际上（所有）这些富裕国家（包括荷兰在内）的发展援助行为背后的主要目的，很可能都是要促进他们自己国家的经济。相关的政府官员和政客现在都是很坦诚地承认这一点。在这点看来，哥伦比亚的卫生项目是不成功的，因为荷兰的咨询公司并没有做成生意。实际上，Royal Haskoning 和 DHV 一开始就挤进了一个往死胡同里去的竞争。DGIS 并没有充分鼓励两家咨询公司相互合作。既然 DGIS 批准 DHV 公司去设计施工在 Bucuramanga 的大型 UASB 反应器（见图7-5），就应该要求他们最大化地利用从 Cali 项目获得的经验知识。这些东西都详尽地写在我们交给 DGIS 的最终报告书里了。这份报告提供了我们获得的经验和理解，包括反应系统的动力学、设计标准、需要的运行维护和一些关于建设大型装置的材料选用经验。Bucuramanga 的设计大部分符合 Cali 项目建立的标准，除了之前提过的三相分离器，其建造大大背离了我们的建议。

回过头再来看，很显然我们本应花更多力气在国际期刊上去宣传 Cali 项目的成果。实际上只有极少的浓缩版的出版物被发表了。另一方面，具体信息都提供给专门的研讨会和课程上去了。这些会议大大地提高了大家推动厌氧处理在公共卫生工程和决策领域影响力的兴趣。因为在这些活动里我们深入地探讨了一些细节，也有足够的时间去讨论和解释。

图7-5　哥伦比亚 Bucaramanga 的污水厂（5400m$^3$/d），建于1989年，投产于1991年（右上图为三相分离器）

## 五、UASB预处理系统在拉丁美洲的进一步应用

尽管UASB系统的市场潜力巨大，而且也已经获得了独家的信息资料，Royal Hoskoning这家咨询公司还是没法成功地将这套系统在拉丁美洲商业化。尽管如此，Cali项目的成果还是为他们在拉丁美洲找到了出路。显然，仅有的零星出版物加上各种会议、国际课程和研讨会还是有影响的。很多拉丁美洲的大学教授和研究院的科研人员接受了这一具有挑战性的工作，他们开展了各种应用型和基础型的研究，很多时候甚至还有相关工程。在拉丁美洲事情更加具有开放性，大学教授们能自由并渴望为实现他们的想法去搭建充足的人脉。他们中的许多人成功地引领了行业发展，尤其在巴西（例如Gomes、Foresti、Campos、Van Haandel、Chernicharro、Von Sperling、Kato、Florencio）和在墨西哥（例如Monroy、Noyola）。能看到创新厌氧污水处理取得进展是一件很美妙、令人鼓舞的事情。在相对较短的时间里，厌氧技术的支持者成功地在热带和亚热带地区使污水处理行业接受新的理念，而且往往能成功地用UASB系统取代传统的高负荷和低负荷好氧污水处理。在20世纪80年代早期，Savelli Gomes就开始在巴西Parana省的公共卫生领域积极推行基于创新厌氧处理系统的优化分散式处理，也就是所谓的RALPH系统。RALPH反应器的概念是一个对UASB反应器的效仿。巴西的工程师们和大学的科学家，还有咨询公司和承包商们非常积极地找到他们自己的路，更重要的是巴西中央政府通过它的PROSAB项目把各方的努力成功地引导和协调在一起。在和不同参与者的协商中PROSAB组织说服了不同的团体合伙共事、交流经验、协调研究和实施项目，并开展国际合作，例如一些"三明治"博士项目。Renato Leitão，这位Van Haandel和我在Campina Grande大学共同指导的博士生，在他的研究里验证了UASB用于城市污水处理的高度适应性。另外，当地的政府和市政厅也有很强的自主性。20世纪80年代中期我们和Piet Grin（在1979～1983年间我们系的一个项目研究者）受邀参加一个由圣保罗的CETESB组织举办的内部研讨会，去展示我们在UASB用于城市污水的前景、经验和观点。这个大城市的相关领导非常渴望知道UASB系统在当地城市应用的可能性。最后就引出了由Sonia Vieira公司负责的UASB

中试/示范性研究项目。

## 六、应用UASB在印度处理城市污水的实施

在印度突然出现了很多让荷兰咨询公司推行UASB系统的机遇。大概在1989年，印度当局所谓的"恒河行动计划"（Ganges Action Plan）组织了一个为期2天的公共卫生专家研讨会。来自5个潜在资助国（德国、法国、英国、美国和荷兰）的污水处理专家受邀出席去展示他们各自的技术，目标是清理严重污染的恒河。荷兰有两个专家参加，一个是"Pasveer氧化沟"系统（Zeper），一个是UASB系统（Lettinga）。在第一天里专家们各自展示他们的报告，气氛十分开放和友好。第二天则是深入的讨论和提问，出现了不少怀疑和质疑。偶尔几次还导致了几个资助国有竞争性的专家间不愉快的冲突！对于这情况，恒河行动计划委员会的主管做出了他的决定——我不知道为何会这样，但当他表示UASB系统应该得到优先实施权时，很显然他不想造成任何矛盾冲突。这可能是因为与现有的传统好氧处理相比，UASB厌氧预处理生活污水在热带地区和工业废水领域的显著优势给他留下了深刻的印象。我感觉他当时认为UASB方法的创新特点，能使他的国家一跃站上真正可持续的公共卫生事业的前沿位置。选择UASB的一个重要考虑毫无疑问就是这个方法在回收资源和回用水作农业灌溉和农肥利用上的潜在优势。在我看来这是一个非常聪明的考虑——因为恒河项目要处理的污水包括了生活污水和沿岸排放的工业污水，尤其是难处理的制革业废水。

研讨会的讨论和冲突是一个很好的体验，例如那些主要由卫生工程师、工程承包商和咨询公司组织的印度当地参加者的反应。他们中的大部分都是接受现代传统好氧污水处理教育出身的，部分甚至还是代尔夫特IHE研究所的学生。他们的兴趣关注点主要还是集中在高度集中化的公共卫生工程和过度的输送管网上。其中一些印度参加者对于研讨会的结果十分震惊，当然还有其他感到失望的。在这些持否定或者怀疑态度的人看来，UASB厌氧处理技术的声望还不够。对于实现"承诺"来看，这处理方法技术上太过简单和没有显示度。不过，无论他们情愿与否，他们还是要执行他们大老板做出的决定，尽管毫无疑问他们始终很不情愿。而相关的咨询公司，包括荷兰的

（Royal Haskoning和Euroconsult）和印度的（AIC和IRAMCONSULT)都非常满意能被选中参与这个项目。

DGSI可以再一次组织展开一个大项目，和恒河行动计划的组织方进行密切的协商。一大批荷兰和印度的咨询公司、研究机构和大学参与其中，包括我们瓦赫宁根农业大学的团队，只是我们的参与范围被限制在关于生产规模UASB反应器的设计、启动、运行维护的建议指导上，当然还有一些知识传授的活动和UASB处理制革业污水的可行性研究。

这个印度-荷兰联盟需要把活动集中在几个恒河的沿岸城市，例如Nagpur和Mirzapur（见图7-6）。由恒河行动计划的领导层决定，处理系统将由UASB系统作为城市污水和以制革污水为主的工业废水的预处理方法。后者的部分工作涉及实验室可行性研究和UASB中试试验。作为项目的参与者之一，TNO皮革研究所开发物理化学的处理系统。要知道制革业废水的高度复杂性，这个项目真的很具挑战性，我们确实也能学到很多东西。而在项目的公共卫生部分，重点还是放在在高度集中化卫生处理系统的背景下建造一个大型的单级UASB反应器。这样，相关的印度和荷兰咨询公司和他们的工程师就能把注意力放在他们的专长上，也就是实施不断扩大的下水道管网。我找不到一个共鸣者来听取关于优化的分散处理方法的可能性。咨询公司的顾问们觉得那不现实，而且无论如何也不是污水处理专家该管的事情。我记得一次跟一个荷兰项目主管的讨论，那是关于在规划新建下水工程时遇到的问题，例如，如何说服或者迫使贫困地区的居民提高自来水的使用率，这样能有效防止下水管道的堵塞。尽管我不同意他的观点和理由，但我的反对也到此为止，反对也没有作用，因为这些决定都是在制订总体规划时决定的。我再没过问那事，所以现在我也不知道那里后来都怎么样了。我猜下水道都建好了，不过很有可能负责维护

图7-6　印度Mirzapur市于1989年建设了3500m³生产规模的污水厂，1991投入运行

管道的工程师要面对很多堵塞问题。

多个建成的大型一级UASB城市污水处理厂，全部都是根据Cali示范工程的设计经验建设的。根据Cali的经验，这些厂的启动都没有用接种污泥，一切都按计划顺利进展。根据我在瓦赫宁根农业大学的第一批研究生之一Van Starkenburg介绍，他在2001年去过几个厂视察，这些厂的运行都令人满意，尽管进水中很高硫酸盐成分导致臭气问题和相对较高的COD出水浓度，这是印度许多城市都有的问题。我当时收到一份关于印度10座生产规模UASB城市污水厂的运行评估报告的手稿，我对此十分开心。报告是由希腊Xanthi的Democritos大学的Diamantis和他的同事们编写的，这份报告里的数据证实了Van Starkenburg的观察。大部分污水厂都根据指导手册来运行和维护，运行都很稳定。然而，正如我在第四章提出的污水厂运行效果其实还有很多办法能够进一步显著改进：例如在运行维护上做一些调整，应用分级UASB系统，改进系统的设计和施工，还有尤其要指出的，加设合适的后处理系统去除硫化氢问题。在过去的几十年里这些改进的系统都已经研发出来了（见第十章）。

尽管没有人跟我提及，但我偶尔会读到或者听到在印度有关于荷兰印度恒河清洁计划的抱怨和投诉。就UASB系统而言，我认为没有什么值得抱怨的地方。可能就一些出水质量方面有点出乎意料，例如上述出水的高硫化氢浓度。似乎UASB理念的推行本应稍微放慢一点，或者说不要那么急。像在所有这类项目里，一旦委托设计施工，就没时间作一些深思熟虑的考虑。很显然事情并没有像我预想地发展。我总的印象是有几个参与其中的咨询师和工程师还是相当不愿接受这个理念，而且没有人试图认真地去理解这个系统的基本原理，或者整个概念，尤其例如这个系统能回收资源或者作农业用途提供回用水。不过现在时代不一样了，大家的理解也改变了，我想（至少我希望）很快那些有更全面的视野和教育的决策者、咨询师和工程师会带领时代前进。UASB的整个理念为咨询界提供了非常有吸引力的前景，而且它的发展看上去也是不可阻挡的。但是依然还有更多的困难需要克服解决。

不过说到荷兰咨询公司对寻找新商机的期望，我想他们像在拉丁美洲一样错过了机会。但是，他们在印度的合作伙伴的咨询公司，在印度和巴基斯坦却借UASB系统做了很多好生意。我猜DGIS的决策层当时一定感到失望，很可能他们因此对把UASB厌氧处理系统作为有竞争力的荷兰技术推向海外市场失去了信心。这是在20世纪90年代至21世纪初的情况。与此同时，像Lettinga基金会（LeAF）和大学的研究人员，掌握着如何用更全面的和真正可持续的方式去解决问题的知识和技术，同时他们也具有对此做出贡献的抱负。后者可以通过和著名咨询公司、承包商和建筑公司的同事的紧密合作来实现。

> *"除非设计、运行或者维护严重不当，在温度超过18℃的情况下，一级UASB系统用于处理城市污水在COD和BOD的去除上能够提供稳定的、令人满意的运行效果。"*

## 七、UASB城市污水处理系统在其他地区的经验

### 1. 加纳的经验

在20世纪90年代末期，英国的Taylor Woodrow Construction公司邀请我们基金会 EP&RC (后来的LeAF) 参与到一个大型UASB污水厂的合作项目中去，地点在加纳城市Accra。这是一个大惊喜，因为在此之前，英国的同事对这个系统真没什么信心，只是抱有怀疑态度。突然间有一些英国的专家推荐用UASB系统去处理Accra的污水，而且他们希望我们的参与。太不可思议了！结果这是对我们的一个大挑战。因为这个计划的日处理量高达约16000$m^3$，原水COD平均值高达1500mg/L，而部分是城市收集的粪便（见图7-7）。我们的贡献包括：①设计UASB反应系统作为前处理和滴滤池用作改善出水的后处理（见图7-8）；②反应系统的全面启动。UASB反应器的体积为6500$m^3$，由6个模块组成。启动工作由LeAF的博士生Titia de Mes负责。她是这个任务最理想的人选——高度积极性、丰富的技巧和需要的猎犬般的天性。而她也和Taylor Woodrow Construction的同事一起取得了成功，而这位同事后来还成了她的老公！反应系统在全面启动后的运行表现十分出色，BOD和COD的去除率分别高达87%和75%，就整个污水处理系统而言则高达98%和92%。可以想象得到，运行人员和工程师都相当高兴和充满积极性。

然而，故事却以失望的结局结束。当时Taylor Woodrow Construction和Accra当局达成的协议是在启动完成后英国将停止资助，而这也如期发生了。在资金援助终止后的几个月内，系统运行效果大幅下降，实际上一切都崩溃了。造成这"悲剧"的原因是运行人员和工程师被欠薪，最后他们都离职了。无论UASB系统适应性多高，它也需要最基本的监控和维护。很不幸，Accra政府至今无法筹集到资金来支付工人工资和修复毁坏的设备！

图7-7 在加纳城市Accra的6500$m^3$的全尺寸UASB污水厂，建于1989年，2000～2001年投入运行

图7-8 安装于Accra污水厂的用于后处理的滴滤池

## 2. 亚热带的经验（中东、埃及和地中海地区）

根据在热带地区获得的经验，很明显单级UASB城市污水处理系统在亚热

带地区有充分的应用潜力，即使在那些地区的冬季进水水温会在好几周或好几个月里降至15℃左右。根据我们的知识，系统能很好地适应短期的低温，但是需要在设计和运行上作些调整。例如，UASB反应器要加设一个平行的小型消化池，目的是：①充分地将剩余污泥稳定化；②让反应器的温度维持在一定水平来保持反应器的活性（Mahmoud）。

像中东这样亚热带地区的城市污水浓度都很高，原因是当地水资源短缺。例如在约旦，污水COD浓度可高达2500mg/L。反应器的运行和设计需要作调整以适应这些条件，尤其当系统需要长年运行时。

### 3.约旦的经验

在20世纪90年代Jules van Lier和Delft的IHE合作，成功申请了一个针对约旦、埃及和巴勒斯坦的名为Wasteval项目的知识转移和中试示范项目的资助。其中项目约旦部分的目标主要是：①验证UASB系统处理约旦首都阿曼城市污水的可行性；②把出水用于灌溉和施肥来作为提高食物产量的手段的可行性。随后的想法是去验证在集中式公共卫生系统里实施封闭循环的可能性。对于后边这个计划，瓦赫宁根农业大学灌溉和水工程系的Huijbers也参与到了项目中。

开始这个计划的一个重要动机是考虑在庞大的Khirbet As-Samra污水厂使用UASB系统的可能性。这个污水厂原先由一个池塘系统构成，包括了3个串联式的模块——厌氧塘、兼性塘和熟化塘。它占地超过200hm$^2$，位于阿曼市中心45km以外的地区。污水厂处理来自阿曼、Zarqa和它周边郊区的污水。尽管污水厂的规模已经很大，但是它的进水负荷还是超过了设计容量（68000m$^3$），至1995年为143000m$^3$，到了2000年更是达到了约185000m$^3$。由于超负荷运行，这个生物塘系统的表现远低于"标准"。根据厌氧处理的知识我们相信UASB系统能够取代当时严重超负荷的厌氧塘，而且通过这样的工程，当地严重的臭气问题可以通过相对低的投资得到去除。而且，这给了负责任的工程师和管理者亲自尝试应用可行的、创新的、紧凑型、高效后处理技术的机会。不管怎样，这都会大大改善现有的熟化塘的表现。当时一个在读博士生P.Cavalcanti正在进行针对热带地区的UASB系统和后处理池塘的综合型城市污水系统的研究，他的研究结果使我们有充分信心去解决约旦的问题。

我们获得了批准在污水厂里建立两级的UASB中试反应器，体积为96m$^3$。

Hallalsheh和她的当地导师Fayad成功完成了可行性试验。60m³的第一级UASB的表现相当令人满意，水力停留时间控制在20～24h范围内，冬天温度约在18℃，夏天则在24℃左右。但是我们注意到了严重的浮渣层问题，很可能是因为出水高的悬浮物含量造成的。尽管如此，我们推断系统作为第一个初级加二级处理的系统展示了巨大的潜力。很可惜，我们并没有得到预期的积极回应。可能是因为约旦阿曼当局和他们的USAID咨询官不想采用这一方法，仅仅因为这不在他们的专业知识范围之内。我猜测相关的USAID专家，大多是氧化塘污水处理系统（Lagoon Sewage Treatment Tackle）的专家，他们可能认为UASB技术对他们自己的生意是个威胁。我们之前在巴西就遇到这样的情况。不过氧化塘确实也是很有吸引力的后处理选择方案，Van Haandel就在他所在巴西Campina Grande大学开创了这方面的研究，例如，他妻子Cavalanti博士论文框架里的一些综合性研究。

  不过先回到阿曼的事情上。我猜，鉴于美国公司设计和建造氧化池的建议，当地政府决定在氧化池里安装曝气器而不是使用厌氧处理系统。这意味着市政府需要新增一笔昂贵的投资，然而它却不能解决任何问题。许多负责替代氧化池方案的团队和人员发现他们面临一种尴尬的处境：他们没有人能够解释为什么和如何作出这个氧化塘的决定，也没人去解释为什么这个系统需要建在离市区45km以外的地方。

  当采用氧化塘方案处理原污水后，该方案的支持者没人能够说服我，他们真的充分理解设计、运行和维护的问题。在我看来，很多生产规模反应设备的运行表现之所以不尽如人意，可以归咎于"专家们"对那些模糊系统缺乏真正的认识和理解，而且应用了过多的保守设计。而且，因为氧化塘占地面积大，在约旦这样的国家夏天的时候会造成严重的水损失问题，而这时候农民急需用水，真的很难理解为什么在阿曼这样的城市会采用这样的系统。更惊奇的是在决定采用这个氧化塘系统之前，这城市已经有一套现代的传统污水处理系统了。后者因为严重超负荷导致的恶臭问题对周边居民造成风险的原因就（不得不？）被弃用了。在这个污水曝气池和现代的厌氧消化池都被弃用之后，现在仅仅是用来接受城市的污水和大量被严重不当运行和维护的化粪池稀释的污泥。同时，它也用作一个泵站把污水运到远处的氧化塘。在约旦这个国家所有这一切，我看到的是一个极端昂贵的无效的解决方案。非常可悲的是在我们现代城市污水处理这一行，存在着许多阿曼这样的案例。它更像是一个规律而非一个例外，尤其在那些发展中国家。

### 4.埃及的经验

埃及看起来是一个实践UASB城市污水处理系统的理想的地中海国家，原因包括当地理想的气候、对于建造经济效益合理的污水处理和回用系统的迫切需要，以及这国家一直都接受荷兰发展援助组织的大量资助。而且，在开罗的国家水研究所（National Water Research Institute）的Fatma El Gohary在20世纪80年代后期已经开展了厌氧处理的研究。研究的目标是寻找用于污水处理的各种可替代系统。在90年代早期我们和Fatma的研究所建立了长期的合作关系，也出席了几个在开罗共同举办的会议。这给了我们机会在埃及宣传厌氧处理系统，也能引起DGIS组织的兴趣去资助一个UASB城市污水处理中试试验。尝试并没成功，因为DGIS对此并不感冒。然而我们获得了一些埃及人和一些活跃在埃及的荷兰咨询公司对我们技术的"同情"。然而，他们也忙于各自的项目，没有人准备好给予需要的支持和帮助。幸好我们在荷兰大使馆取得了支持，他们觉得应该在埃及给UASB系统一次真正的实践机会。我不知道如何做到的，因为我们并没有和大使馆的官员有多少联系。不管怎样，大使馆决定安排在埃及的某个合适的地方去测试UASB系统。他们把一些"自己的"预留基金拨给这个中试项目，实际上，大约在2008年时机就到了。荷兰的咨询公司DHV和Royal Haskoning被邀请为Fayoum地区的一个小城建造一个大型UASB污水厂制定具体计划（见图7-9）。要这两个公司共同合作，对这两家相互竞争的公司来说确实是个有难度的挑战，不过他们最终还是成功地完成了合作。他们达成协议：DHV负责设计和施工，而Royal Haskoning则负责监督。对我来说这是一个奇怪的约定，因为不像Royal Haskoning公司，DHV在UASB城市污水预处理方面不再有任何专业知识的优势。尽管如此，这个联盟成功地在Sanhour市建造了一座1000m³的UASB污水厂。与此同时，在Nahtay市一队埃及工程师正设计建造一座UASB污水厂，尽管参与的公司之前对UASB一无所知。让我更正一下，他们派了代表团去印度向印度这领域的"专家们"学习相关的信息和指导，这也得到了荷兰大使馆的支持。不过显然这也足够用了，所以2010年埃及有了两座大型UASB城市污水处理厂投入运行，然而看起来

第七章 高效厌氧污水处理在温暖（亚）热带地区的应用

图7-9 位于埃及Fayum地区Sanhour城的UASB污水厂，合同规模200t。右上图片为三相分离器

并不太成功。2010年我作为应邀发言者出席了在开罗的一个国际会议。当时HCWW公司（Holding Company for Water and Wastewater）的首席官员请求我多呆一天去视察两座UASB污水厂，因为那里有很多运行、维护和效果方面的问题。这是一个临时请求，但我还是同意了，因为我对此很好奇，而最后此行也成了一次大开眼界的参观。

关于荷兰的那座厂，我发现它的设计和施工几乎就是DHV于80年代末在哥伦比亚Bucaramanga建的UASB厂的拷贝。因此所有设计和施工上的不足都继承了下来。结果就导致了需要大量的维修。我也注意到其实运行人员非常乐意去了解和学习系统的基本原理，还有基本的运行和维护程序的知识等。尽管问题多多，这厂的运作表现还是相当令人满意的，这也证明了UASB系统处理城市污水的稳定性和适应性。而去那个埃及人自己的UASB厂的参观则是一次猛然醒悟——所有有可能出错的地方都出错了！这让我感觉置身回到了20世纪80年代中期的哥伦比亚，当时我视察了那个由外行的当地咨询公司负责的UASB厂，它们的设计、运行和小区维护都非常糟糕。我的印象就是给这些埃及同事上课的印度研究小组/研究所/工程师的工作没做好！但这怎么解释得通呢？难道这些印度工程师现在对UASB的认识还跟恒河行动计划项目刚开始一样糟糕？我真的没搞懂。同样我也不明白为什么埃及的承包商没去和任何荷兰咨询公司或者El Gohary的团队，或者我们瓦赫宁根的专家作信息交流？不管怎样，很显然UASB支持者们，包括我在内，不该再说UASB是简单明了的技术了。

## 八、总结评价

自1976年以来，我们在评估一级UASB系统在温暖环境下处理城市污水的可行性研究上获得了很多经验。回顾所取得的成就和经验，我可以列出一些结论和建议。

① 在污水温度超过18℃的热带地区用一级UASB系统处理城市污水是可行的，尤其是对于那种腐化的污水。系统相当稳定，可以用于小型住宅区污水，也可以用于大规模污水。它可以为实现联合国的千禧年发展计划（Millenium Development Goals，MDG）作出显著贡献。

② 用分级系统的方式有助于处理腐化程度较低的污水，这情况在温带地区地区是很常见的污水类型，在热带地区也是如此。通过先安置一个厌氧处理反应器来去除悬浮物并将其稳定化。这样比一级UASB系统可以获得更高的COD、BOD和TSS的去除效率，而且浮渣问题出现较少。

③ UASB处理城市污水的概念给亚热带地区和温带地区提供了极具吸引力的应用可行性，例如在夏季处理旅游胜地的污水，或者那些来自酒店、餐馆和商品房住宅区的温度适宜的污水（18℃）。

④ 虽然UASB系统的技术相对简单，但仍需恰当的实施和应用来保证其成功运作，设计、施工和运行维护方面还是相对有难度的。然而问题更多来自以下因素：获得合适的基建许可、政策制订、商业交易、教育、物流、管理、维护等。这些因素更多是社会问题而不是技术上的问题，尤其关键的是如何获得那些在公共卫生领域的名人或权贵的全力支持和接受。

⑤ 荷兰的发展援助机构DGIS在推广UASB的发展、示范、实施、知识传授和商业交易上做出了很积极的贡献，不过它没能成功地将荷兰咨询公司带到领头地位。

⑥ 本质上，推行UASB系统需要一个高度整体性的方法，把焦点放在资源回收和应用出水回用到灌溉和肥效上。至今那些知名的咨询公司对这些难题的兴趣还不够，貌似他们也还没具备解决这些难题的能力。

⑦ 推行UASB预处理理念只是把事情做好了一半，还需有效的后处理来去除剩余的污染物，例如在消化过程中产生的物质，例如还原硫化物。其实许多解决这些问题的技术已经成熟，其中一些技术即将面市（见第十章）。

# CHAPTER EIGHT

第八章

# 在优化分散处理和回用生活污水和城市污水 (DeSaR) 模式上的进展

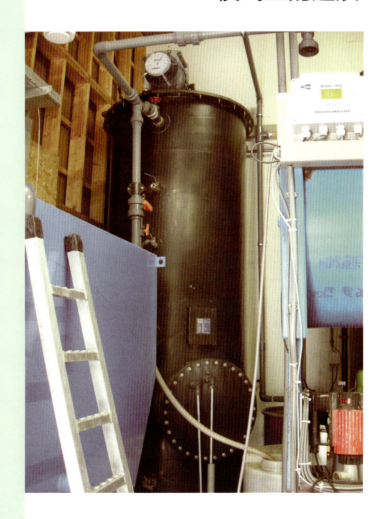

## 一、用厌氧系统处理低温污水的可行性评估

很显然采用厌氧系统预处理气候温和地区冬季的低温污水是最后进入考虑的议题。和热带地区相比，在低温地区，特别是在低的环境温度条件下，要涉及污水中的高含量难水解或甚至不水解成分。因此，我们对于用单级高速UASB系统处理这种地区的这类污水的可行性的期望是相对较低的。不过受到哥伦比亚Cali那个项目的正面成果的鼓舞，加上当时我们对荷兰污水低腐化程度特点认识的欠缺，在1978年我们还是决定展开一个单级UASB可行性的初始研究（Grin、Goersma、Grolle），我们研究的污水温度介于8～20℃之间。我们做出这个决定的原因之一是因为我们预计届时荷兰(世界其他地方也一样)会有大量优质颗粒污泥供应，而且我们希望这些颗粒污泥能充分分解那些水解程度低的可降解物质。我们当时也有充足的自己的经费去做这个尝试，我们也渴望找到更有利的论据去证明UASB的技术能够替代传统的好氧污水处理系统。

实验分成单级和两级反应，在不同规模下进行：实验室规模（0.5～2L）、小型（30～120L）、大型中试（例如6000L）的UASB反应器。之后在1983～2004年期间，研究内容拓展到EGSB反应系统。过去这些年大家投入了大量的努力，尤其是以博士生研究的方式来实现。实验大部分的污水都来自位于Bennekom村的合流制城市污水厂的原污水或者经沉淀后的污水，另外我们还用了部分人工合成污水来做补充对比实验。

因为最初期的成果显得十分令人鼓舞，所以在1979年我们就得到了咨询公司(TAUW)的请求去参与一个20m³的UASB的示范和可行性联合项目，目的是去评估UASB处理露营地污水的潜力。露营地RECRON在荷兰的分部组织作为项目的资助方。示范工程的尝试其实还是处于起步阶段。而我想UASB系统在20世纪70年代后期在工业界取得的成功使大家都对此十分乐观。对高效厌氧污水处理技术的乐观在当时遍布整个荷兰，并持续到20世纪80年代。而且，政府的决策官员还在1986年决定资助更大规模的试验，因为，UASB处理市政污水的结果依然十分令人鼓舞，尤其是那些用颗粒污泥接种的反应器。这是一个关于所谓的污水厂2000（RWZI 2000）的研究项目框架里的拨款，是环保部、公

## 第八章　在优化分散处理和回用生活污水和城市污水 (DeSaR) 模式上的进展

共建设部和渔农部的联合工作项目。相关项目的目的包括：①大规模（20m³）的单级UASB颗粒污泥的可行性研究；②EGSB和FB系统（单级和两级反应器）中试实验（120～200L）来测试其处理荷兰污水的的潜力。

由污水厂主导的委员会之所以决定拨款资助这些示范性可研项目，是基于对现代高效厌氧处理技术的三点期望，包括了能带来更低的能耗，更低更可持续的高度矿化的剩余污泥产量和对总处理系统更小的空间要求等。大型UASB的试验由De Man来进行，而Van der Last则进行EGSB和FB系统的可行性研究。前者的中试试验在一个污水厂里进行，但不在Bennekom，而后者则在我们的实验室里，用的是Bennekom厂的污水。在开展污水厂2000项目（RWZI-2000）的同时，我们也在自己的实验室里继续进行规模从小试到小型现场试验的各项研究，这些研究有助于我们评估厌氧（预）处理技术的极限，以及找到克服极限的方法。从20世纪80年代后期开始，这些工作都由博士生来进行，包括了王凯军、Elmetwalli、Sanders、Mahmoud、Halalsheh、Mgana、Chaggu等。

UASB的大型试验在Berg Ambacht的污水厂进行，这个城市采用合流制的下水道系统。这里的工作得到了当地水委会和其成员Van der Vlies的支持和帮助。尽管出于某种原因我对这个项目已经没抱多大期望，但出来的结果还是比期望更糟糕，而且比我们之前在实验室里得到的结果差很多。我们没法解释这种失败。可能是因为污水过度稀释，或者难生物降解的成分过高。由Van Starkenburg领导的项目委员会，他也从没对在荷兰应用厌氧技术处理生活污水抱过多大希望，他建议把中试试验移到Lelystad市去进行，因为那里采用的是雨污分流的下水道系统。我们期待那里有更好的结果，因为那里的污水浓度大大高于Berg Ambacht市的，而且即使在冬天污水的温度也从没低过12℃。但出乎我们意外，结果刚好相反——我们真的不能相信：那些从一个循环纸厂的UASB反应器里取出的接种污泥在10～15周的连续运行时间里几乎丧失了所有其甲烷菌活性（这段时间污水的温度也从18℃降到10.5℃）。UASB反应器慢慢变成了一个产酸反应器，并逐渐严重超负荷。我们用新的颗粒污泥接种重启反应，但也还是得到类似的失望的结果。那么问题来了："是什么原因抑制了产甲烷菌呢？仅仅是因为过负荷运行吗？"在之前的实验里，我们用一个120L的颗粒污泥接种的UASB反应器，用的是Bennekom的原污水，我们从没见过接种污泥这么快地丧失产甲烷活性。实际上在那之前我们只有在用高毒性物质或者强化的超载环境下才见过严重的甲烷菌受抑制的现象。但为什么这现象会发生在像普通生活污水这样的稀释了的污水里呢？De Man和他在RIZA研究所的当地研究合作伙伴Rijs差点就找到谜团的答案了，当他们做了一个补充性实验——用一个小型的UASB反应器跟$20m^3$的原反应器作串联。测试结果显示应用这样的分批工序的方式能获得令人满意的运行表现，尤其在低温的环境下。他们还观察到在第一个UASB反应器里在颗粒污泥上胶状物质的吸附和（或）沉淀现象的出现，这可能就是造成了颗粒污泥质量和活性的退化。现在回过头重新看他们的结果，我相信他们当时的分析判断是正确的。很不幸，在1989年，我们已经没有动力继续在Lelystad用那个$20m^3$的反应器做研究了。我们全部人、De Man、我和污水厂委员会的人，当时都受够了，而且也丧失信心了。现在回头来看，我们当时确实应该再坚持一会儿，再积极乐观一些，或者说我们本应该多给点时间来反思。不过，这也正是我们把研究重点放在评估厌氧消化工艺的影响速率的关键步骤上。有几个PhD学生，王凯军、Elmetwalli、Sanders、Mahmoud、Halalsheh、Mgana、Chaggu等他们把部分工作重点放在水解阶段和其相关问题上，例如吸附、聚沉、沉淀、颗粒污泥聚集等所有复杂问题，正如我在第五章提到的。然而对于污水厂2000项目来说，这些研究来得太晚了。我们决定终止中试测试。而由Van der Last负责的EGSB和FB系统用于污水预处理的可行性研究结果也让人失望。所以"游戏结束了"。EGSB系统，无论是在单级或两级反应构造的情况下，可能只有在用复合型的UASB-EGSB的情况下才会有点希望。而根据Heijnen的模型运行的FB系统则完全失败了。尽管如此，Van der Last还是观察到一点有希望的发现，用沉淀后污水做的实验里生成了高质量的颗粒污泥，这与Switzenbaum在他的AAEFB系统里发现的东西类似（见第四章）。其后，在2004年，Seghezzo在他的PhD研究中，在用沉淀污水做实验的小型UASB中试反应器里也观察到了污泥颗粒化现象。这或许给其实践提供了一些希望的可能性，但它需要新的研究的努力和付出。

评价我们这些年做的努力，包括几个不同的PhD的研究的结果，很明显，我们没有用足够的时间作一些回顾思考。去评价厌氧工艺处理（新鲜）市政污水的极限性和找到其解决方法，是一项极其艰苦的事情。不过我们是走对路了。

基于现在的经验和认识，我们可以推断，用高效厌氧系统处理这类型的复杂污水也仅仅在运用以下手段时才会有点希望。

① 有效的去除悬浮物的预处理阶段。例如消化滤池（AF）、上流式水解污泥床（Hydrolysis Upflow Sludge Bed, HUSB）、又或者(如果可以的话)一个加长的下水道系统，反正我们需要对系统作分阶工艺（process-staging）。

② 用一个和UASB反应器平行的在理想温度下运行的补充式厌氧消化池来稳定剩余污泥并让UASB污泥的产甲烷菌保持在充分的活性（Mahoud）。

用高效厌氧系统处理市政污水的主要限制因素是去除污水中的胶状成分。厌氧颗粒污泥被发现捕获胶状物质的能力效率低，而且因此不能降解后者，尽管这些胶状物在厌氧环境下有不错的可生物降解性。因为我们需要找到有效技术去捕获和分解这些胶体物质。而我们已经发现大自然提供了一种技术，方法是通过应用一个微好氧处理系统（王凯军、Tawfik Ibrahim），不过我放在第十章讨论这个东西。

总结我们努力的结果，很显然在气候温和的地区用厌氧工艺处理低浓度的市政污水是非常困难的，尤其是在冬天。厌氧工艺是可行的，而且在某些特定的条件下是非常可行的，但这需要一套复杂的技术。谈到现代高效厌氧污水处理方法是否或多或少比传统好氧工艺更有吸引力，我真的没答案。每个特定的情况有它特定的最优解决方案。

而尝试去看待粪便问题，我觉得最好的解决办还是去想想办法让我们能够直接处理未经稀释的粪便。这不仅是出于纯粹的处理技术原因，更重要的是实现其附加值的最大化。同样地，无论是人的粪便或者是其他市政垃圾和污水也好，都应该尽量保持它们原有的浓度。不过考虑到已有基建的投资，更深入的难题的是如何实现这个目标，如何在不以资本损耗为代价的情况下找到分散式卫生系统和回用（DeSaR）的最优模式（见图8-1）。值得庆幸的是，社会上关于通过防止环境污染和实现垃圾资源化来建设可持续性的公共卫生的意识观念日渐增强。这些理念、系统和技术越来越多地被应用到工业方面的污染防治控制上，而在几千年的传统农业和畜牧业里就得到很好的实践。所以，我们的公共部门面对的挑战就是要寻找和实施技术上和经济上都可行的方法，来结束对干净水资源的浪费和将垃圾资源化，也就是实现DeSaR的最优方案。

(a) Grieje Zeeman  (b) Katja Grolle

图8-1　我们DeSaR概念项目的专家Grieje Zeeman及自20世纪80年代起我们许多方面的得力助手Katja Grolle

## 二、DeSaR进程

正如我在前面提到的，化粪池系统依旧在防止居民区的环境污染、将粪便稳定矿化和把这些矿化残渣作长期存储等方面起着关键的作用。我相信我的许多同行也会同意化粪池和Imhoff tank可以也应该保留他们的位置和作用，这跟近来发展的创新的好氧颗粒污泥系统（M. van Loosdrecht）和更新的高效厌氧低温生活污水处理系统无关。或者说得更准确点，尽管集中式系统已兴起，化粪池系统仍值得保留，因为许多对这些系统的设计运行的创新改进可以通过应用UASB的原理去实现，例如开发一个UASB化粪池系统。后者这种创新系统将很好地解决由于广泛使用的冲水马桶造成的影响。我们非常渴望在热带和温带地区去测试这个创新理念的可行性。

## 三、新型UASB化粪池系统处理热带地区污水的可行性

在1985年，当年轻的硕士研究生，Bert Jansen在荷兰公共医疗和环境卫生国家研究所（RIVM）工作的时候，一个理想的机会自己冒出来了。Bert请我去印度尼西亚做一个创新的厕所污水就地处理的可行性研究。他是在做他的硕士

论文的时候知道现代厌氧污水处理技术的，而且一直及时了解我们研究活动。他在饮用水部门的发展中国家分部工作，并且和DGIS有非常好的联系。他很容易就能确定一个三年项目的拨款资助，也就是这个单独黑水或黑水和灰水结合的低成本就地处理系统的项目。这个项目要与印度尼西亚的公共事业部合作。最后它变成了一个多方联合项目，参与者包括了在Bandung的St Borromeus医院（Moeliono是当地的项目领导人）、RIVM和我们瓦赫宁根大学的环境系、还有在后来最后阶段加入的Delft的IHE研究所。许多硕士研究生也参与到项目中来并且做出了杰出贡献。

2个0.86m³的用于去除生活污水的UASB-ST系统在两户人家里搭建起来：一个建在Biofarma，处理9个人的黑水，另一个建在St Borromeus医院的Cimindi廉租房处理10个人的黑水加灰水。图8-2是一个流程示意。

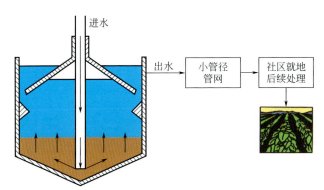

图8-2 一个UASB-化粪池的流程。这个概念的优化设计能为黑水或者混合黑水和灰水提供高效的COD/BOD去除率，而且也适用于低温情况（12～20℃）

根据上述的设计，这是一个非常有趣和富有挑战性的项目，不过这也正是我们想证明的改良的UASB化粪池系统相比于传统化粪池系统的优越性。我们对于反应器的期望没有落空。系统实际上表现非常出色，尤其是处理黑水的实验，COD去除率高达93%，而且剩余污泥的产量仅为0.005kg TSS/（人·d）[0.08L/（人·d）]。对于一户8～10人的家庭，一个1.2m³的处理系统仅需每3.5年做一次污泥清排。至于所需的后续处理，例如去除病原体等，有很多原理简单的方案供选择。

处理混合黑水和灰水的反应实验也相当成功，它的水力停留时间约36h，

COD去除率达75%，TSS去除率为80%。我们发现一个1.5m³的UASB-ST单元足够供一家十口使用，污泥只需每4年做一次清排（见图8-3）。更重要的是，污泥体积只需在达到反应器体积5%的时候系统的表现就足够令人满意。而正如仅处理黑水的系统那样，有很多合适的后续处理系统可供选择，而我们的数据显示一些紧凑型的创新系统可以通过在认知过程不断提高中得到改进发展。

图8-3　建于印度尼西亚Bandung的UASB-ST系统，体积为0.86m³，用于居民就地处理高浓度和低浓度厕所废水

我们对此的结论是，通过这个创新UASB-ST单元，这个十分有吸引力的低成本就地处理系统不仅可以应用于分散式的居住地，也同样适合于就地的小区处理。鉴于它在成本、耐久性，环境可持续性和居民的参与度方面的优势，它在热带地区的住宅区防止环境污染方面是非常有竞争力的选择，但毫无疑问它也同样适用于亚热带地区。

根据以上的发现，我们希望看到化粪池系统在公共卫生领域的大规模应用的复兴，而且最终阻止用昂贵的，在我们看来没必要的集中式的污水处理系统手段来取代化粪池去处理居民区的污水，例如一些分散的住户、商品房、学校和医院等。但我们见证到这场复兴的希望结果成了幻影，至少在印度尼西亚是如此。当地政府官员和荷兰和印尼咨询公司的工程师都没有一个人对此感兴趣。

今天现代公共卫生部门把太多的关注放在集中式处理方法上了。然而，我也必须补充：我们当时在 St Borromeus 项目上确实也有好几点懈怠了。首先，在方案策划的准备阶段，我们没能参与到关键组织和咨询公司的讨论中去。其次，除了总结结论和递交最终报告外，我们本该做更多努力去展示宣传我们的成果。结果的展示仅仅局限在一些例如在 IHE 的专业课程和国际学术会议里。项目成果的影响本该更深远一些。不过，这些宣传工作直到现在依然还是可以做的。而且，根据最近研究工作取得的成就，许多不同的高效简易的 UASB-ST 单元，配套创新后续处理的系统已经广泛应用了。

## 四、创新 UASB-ST 系统在温带地区的可行性

从印度尼西亚的项目那里我们得到了一个意外的收获：RIVM 的科研管理组决定拨款在荷兰资助一个类似的项目。跟我们一样，RIVM 的科研经理们对于验证 UASB-ST 系统在荷兰这种更苛刻的环境条件的地方的可行性十分感兴趣。他们选了两个地点：一个是有五口的人家和处理灰水混合的厕所污水。

反应器的设计（$1.2m^3$）跟在印度尼西亚用的类似。反应器用 100L 左右的消化污泥接种。研究由 RIVM 委派的一个项目工程师负责（Bogte），并且和 RIVM 的科研人员密切合作（Van Andel 和 Breure）。很遗憾，这个研究只给了 2 年时间来进行，时间不足以发现任何明确的具体的结论。尽管如此，在这个相对较短的时间获得的结果也足够鼓舞人了。不过 COD 去除率在冬天（反应器温度在 12℃左右）由于生物质吸附聚集（Solids Entrapment）的缘故有所下降，由于温度低，水解阶段也没法进行，更不用说后续的酸化阶段和产甲烷阶段了。而到了夏天，当反应器温度回到 18℃左右后，消化系统重新恢复，系统也能把之前积聚的可生物降解的固体完全矿化。根据现在已有的认识，我相信我们能在设计和运行上做一些改进，例如用一个大 2～3 倍的反应器。而且，把反应器放在一个能让温度保持在 15℃以上的地方会更有好处，例如一些房子的地下。运行结果表明系统能很好地应对短时间的低温（13～16℃）进水。一个非常有效的改进方法是安装一个小型的补充式污泥消化器去矿化反应器的污泥，并且做部分污泥回流（Mahoud）。

## 五、UASB化粪池系统的前景预测

鉴于UASB化粪池系统在热带和亚热带地区的应用案例情况，这项创新技术的前景还是很被看好的，实际上跟之前章节说到的UASB城市污水处理系统十分类似。对后者应用作过的结论同样适用于UASB-ST系统，反之亦然。因为在这些国家的大部分地方的市民都承受不起昂贵的下水道和集中式污水厂系统的处理模式，因此DeSaR分散式处理的优化设计能使他们大大获益，尤其是那些可以应用UASB化粪池系统的，它们耐久性高、简易、高效、价格低廉及维护简单等特性使其更具优势。而且，这个系统具备了就地处理的能力，适用于小型和大型的社区、医院、学校、写字楼和酒店等。

荷兰UASB化粪池系统调研项目的结果显示了DeSaR形式的系统在温带地区同样具备吸引力的前景，尤其是对那些温度能保持在15～17℃以上的厕所污水，都可以作就地安装的应用。

很关键的是要从事公共卫生事业的（生物）工程师、咨询师、环境保护科学家和决策者对于这些发展有足够的了解和认识。无论如何他们需要被说服所谓的过时了的化粪池可以通过简单方式转化为符合现代舒适高标准和高效的处理设备。而且，用发展的眼光来看，这些系统的应用会带领社会走向一个污水处理和资源回收的最大化。要达到这个目标，UASB化粪池系统需和一些有效的垃圾收集设施结合起来（例如真空厕所），再配合合适的运输系统、后续处理和物质回收的方法等。我会在第十章里讨论这话题。很显然UASB化粪池系统适合处理高浓度污水（例如黑水和粪便），这也是为何要防止稀释的原因。然而像传统的UASB反应器那样，它们也能处理黑水和灰水的混合型污水，而且无论如何它都比传统的化粪池处理效果更好。所以对于那些集中式处理的专家们，现在确实有足够多的强有力的理由去重新考虑一下化粪池的角色了，那些运用现代技术成果的DeSaR系统更是如此。

"要真正实现可持续的公共卫生系统，市民应该在决策过程中有更关键的发言权。"

## 六、公共卫生的可持续发展意味着要为公民的共同利益服务

所有欠发达国家和地区，无论哪里，都搞不起过多的集中式公共卫生系统（CenSa）模式。我猜大部分公共卫生专家也同意我这观点。不过实际上对于富裕国家的人也是如此。荷兰UASB化粪池项目的结果，连同那些UASB处理城市污水的研究，如果能够说服公共卫生部门的官员们看到DeSaR的现代模式的光明前景，那就最好不过了。不过似乎这相当困难，不是因为技术的原因，而是因为社会学的原因。

我建议的整体理念设计的模式无论如何都比现在高度单一专业的方法更复杂，当涉及一些创新系统的时候尤为如此。或许我们需要更多由下而上的来自使用者们的意见。很遗憾，后者只有当这些人有这方面的专业知识的情况下才有可能发生。问题是是否这会终有一天成真？我想荷兰公众依然不知道约有150亿欧元已经在21世纪的第一个10年里用到郊区和农村地区的就地处理（所谓的IBA系统）和连接这些郊区的中心下水道系统的昂贵的增压下水道管上。这绝对就是浪费金钱，因为它并没有，也绝不会，对当地的环境质量有任何积极影响。更沮丧的是这件事对下水道工程和那些公司和部门的就业而言是赚大钱的生意，但是由我们这些独立的市民们为此埋单。因为那些刻板的完全不合理的规章制度的存在，我们被迫付这笔钱。不过时代不一样了，大家对于放大优化的DeSaR系统的兴趣日渐增加，包括已经建立的公共卫生部里的人也是如此。大家对此认识逐渐深化，更需要合适的工具来帮助社会摆脱现有的过分集中的CenSa模式。需再次强调的是，"我们已经有这些工具来实现这次的转变了，而且还有更多更好的将陆续到来。"希望咨询顾问、技术工程师、科学家和政策制订者们能欣喜接受这个挑战，去实现逐步现在已有的大部分污水收集系统的逐步淘汰，并避免新的大型下水道系统的兴建。这对所有市民都有至关重要的意义，对那些发展中国家的人们来说更是如此，因为许多这些国家还处于可以选择新的、更环境永续的、更经济可行的方法的阶段。自20世纪90年代

中期起，瓦赫宁根大学的环境系就将他们部分的精力重点放在公共卫生领域进一步发展UASB化粪池系统及其在小区就地应用的研究上，特别是在坦桑尼亚（Mgana、Chaggu）和巴勒斯坦地区(Mahmoud)。自2001年我退休以来，我们环境系的部分人（Van Lier、Zeeman、Kujawa, Grolle、Van Buren和其他同事和学生）加上J. Weijma和LeAF的其他同事，已经加大对DeSaR的推广宣传和研究力度。自大约2005年后，Leeuwarden的WETSUS研究所的Buisman和他的同事也开始促进这些项目的发展和推广。许多综合性的研究已经开展，研究在温带环境下，在居民层面和社区层面开展就地应用的可行性。而UASB-ST处理混合黑水加高浓度的厨房污水的可行性也已经得到了充分证明。现在研究也把眼光转向营养物的去除和回收以及处理灰水上来了。这些工艺涉及物理化学方法，例如磷和部分氮的沉淀回收成鸟粪石这种优质肥料。不过生物方法，尤其想那些创新的微好氧和好氧方法，依然会是污水处理的核心（见第十章）。

不过正如之前数次提到的，研发只是事情的一方面，还有另一面是实践实施。研发是相对容易的，只要资金足够的话，不过过去几十年这也变得困难了。大学都朝着商业的模式发展，申请专利才是更重要的事。与其相伴而来的转变就是大学被认为需要跟企业有更多的联合项目。后者当然有它的优点，但也有严重的弊端，例如这些公司企业降低了大学科研的独立性，而且往往没有给予后者足够的时间和反思回顾的空间。20世纪70~80年代的理想的好时光已经过去了。不过，与科研经费相比，实践实施这方面还是更难更头疼，尤其是要对已有体系作出巨大的改变的技术及系统。尤其当已有体系相当可行而且符合所有可持续性的标准时情况更是如此。想在一些可能的用户中找到个听你想法的人往往相当困难，这些潜在的对象包括了私有的酒店、餐厅和医院，或者公立的市政厅，又或者主要从事传统技术的咨询公司和工程承包商。约在2000年，为了要促进DeSaR模式的示范和实施，G. Zeeman跟几个医院分支组织以及Wageningen市政厅建立了联系。这些联系开始并没什么成果，不过最终还是有了转机。现在荷兰已经有一家医院加入DeSaR阵线上来了，我们期望有更多的医院加入。Zeeman和她合作伙伴的努力最终使他们和STOWA（荷兰水应用研究基金会）建立了密切的联系。STOWA的官员对于分散式优化处理技术在CenSa和在DeSaR模式的应用很感兴趣。其中一个鼓舞人心的成就就是Sneek市的市政府在一个新建小区（32户人家）启动DeSaR示范工程的决定。这项目和当地的工程公司Landustrie、Friesland省的水委会和WETSUS研究所一起合作，Meulman担任项目工程师。由于结果十分喜人，市政厅决定再启动一个更大的项目，这次住户人数达到250户。另外，一个类似的项目在Wageningen的NIOO研究所开展起来（Vet、Fernandes、Meulman）。

最重要的是，这些示范项目的执行官和推广者向大家证明了这些处理系统能够以很简易和低成本的方式取得成功，而且具有符合可持续发展的优点。这些成功给了DeSaR的进一步推广需要的动力，另外也将说服那些出名的咨询公司、工程公司和像帕克公司（Paques B.V）这样的环境保护公司接受许多等待他们挖掘的大好机会。

# CHAPTER NINE

第九章

## 厌氧污水处理的成熟期

## 一、知识发展、传播和商业化成长的需要

很显然，从事可持续污水处理系统创新工作的科学家们、研究所和公司全都希望看到他们的努力能被投入实践。我们作为厌氧污水处理和厌氧消化技术的研究者，也想看到我们的现代高效厌氧污水处理系统能投入实际应用（见图9-1）。但实践也教会大家一个道理，就是"投入应用"往往是非常困难的过程，尤其是在要取代"过时的"系统时，即便这些过时的系统非常昂贵复杂而且耗费了大量资源。总的来说，正如我之前数次提到的，实施任何有前景的创新替代方案，都是那些将传统（过时的）系统商业化的大公司说了算——个人在其中的影响通常可以忽略。而一个经常发生的情况就是，那些有权力的大公司买下创新系统的所有权，然后把它们雪藏起来，以此来阻止它们投入实践。

当然他们也有各种其他的手段来达到这个目的。所以我们经常看到，那些本可令社会大大受益的创新成果在推行时往往不是一帆风顺。要是能让社会公

图9-1　20世纪90年代末期我们院系的合影

民更多地参与到这些社会事务的决策上来就好了。

很明显,一个发明创造者和团队在实施他们的创新成果时,要面对的一个主要问题是如何让他们的系统成长壮大。不仅对在大学和研究机构工作的科学家们是如此,这也是想把创新成果商业化的公司和创业者们要解决的问题,尽管两者是两个相当不一样的世界。下面我会分享一下我在这个话题上,在高效厌氧污水处理和后续处理系统领域里的经历。

## 二、得到学术界的认同

在大学和研究所工作的科学家们要实现这个目标,其中一个方法是去证明,你们的技术对潜在使用者能展现出技术方面的优势和发展潜力。我们的一个重要使命,就是要让大家知道我们研究所都在干什么。对于发展那些能够(也应该)取代已建昂贵系统的可持续的、经济效益高的创新技术和概念,情况更是如此。创新者需要让人们知道各行各业的最新发展,而往往要为此投入资金。当然,大学的一个关键职责就是要培养专家和职业人员,来恰当地实施、运行和维护我们的创造发明成果。这并不是一件易事。

要实践创新系统,最重要的是要实现商业化。但是在我看来,这并不是大学里的人需要做的事,尽管我们当中有些人有这样的抱负和天赋。我没有这天分,我大部分同事也没有。不过近些年,我们研究组和LeAF倒是偶尔有些商业化的成功例子,不过也是与商业公司、研究员和咨询公司共同合作的结果。

对UASB系统和厌氧污水处理技术来说,由荷兰生物协会(Nederlandse Biologisch Vereniging, NBV)组织的,于1983年11月在荷兰Noordwijkerhout召开的那次国际会议,是让这个工艺和技术走向成熟壮大的突破性事件。至少对我们研究组而言,这次活动的影响非常积极,它让卫生工程界、生物技术界和化工界的人都认识到了厌氧污水处理技术的重要性。更重要的是,我们注意到微生物学家和生物化学家开始感兴趣参加到研究中来,而我们也持续收到他们的帮助和贡献。

我们作为大学的研究者,在教育、培训和把知识在国内外传播方面扮演着关键的角色，在开展可行性研究、解决问题上也起到了重要的作用。正因为如此，我感觉我们需要变得更有独立自主性，支配更多自由和自给自足的能力。这意味着我，作为我们研究组的领导者，需要取得一个教授头衔——这样会让我们得到更多机会，参与到国内外的委员会中，去争取更多经费资助和博士项目。约在1980年就有传闻，无论是对内还是对外，科研经费的申请将越发困难，僧多粥少。我感觉我们会丧失主动开发各种前景良好的研究课题的自由，那时我们不必依赖商业公司的利益，没有要申请专利的外界催促，也不用事事保密，不必追求刊物发表最大化。尽管如此，学术环境在当时还是相对宽松的，不过我们作为当时的年轻人，还是要面对过时体制的束缚。在我看来，教授终身聘任制就是大学里过时的体制。而且，我觉得非常恼火的是，找个志同道合的人聆听一下我关于厌氧消化极佳创造的想法是如此困难的事。在当时，我的想法就是利用高效厌氧系统处理马铃薯淀粉废水。各个行业的决策者们的思维已经固化了，他们往往预先认定年轻的研究者能力不足以在社会实际问题上作出任何贡献。他们常常偏向找一些学术权威或者一个真正的"教授"来参与他们的项目。简单点说，正是因为如此，我在这些年推行实践UASB系统时，遇到很大的障碍。在我眼中，推动实际工程应用是我作为一个科学工作者的主要职责之一，这个目标的实现尤其应该通过知识传播、教育和提供科技支持的方式实现，而不是通过技术发明的商业化。至少后者不是我想要的，像前面说过的，我不觉得我有那能力，实际上我组里的同事也没有。我们把注意力放在建立顺畅的合作平台，跟已有的和新成立的企业、咨询公司和一些会产生污染的行业一起合作，而在系统的推行实施方面，我们则把研究的进展和成果发表在行业杂志上。起初我们选择了荷兰的杂志$H_2O$，因为我想让荷兰的公司率先应用我们的成果来在市场上取得先机，而且由于之前的合作基础，我们很快速地行动起来。结果证明也是很令人满意的，出现了各类对我们系统感兴趣的潜在客人，而CSM甜菜糖厂是第一个。跟那些马铃薯淀粉行业的环境保护官员相比，CSM的人非常希望跟我们合作。显然我们也很乐意去接受这个完美的机遇，因为我们能完全自由地发表研究结果和见解，更显得这机会难能可贵。对于这个项目我是非常有干劲的。策略也被证明是有效的：成果的发表，尤其是第一个处理甜菜污水的UASB中试试验，让那些工程承包商、咨询公司、建筑公司和年轻的创业家们都大开眼界。20世纪70年代后期，在甜菜污水行业全面成功应用后，高效UASB技术在我们国家变成了一个热门话题。

这很有可能是第一个在我们系全新实验大厅里播出的现场电视采访节目。我记得很清楚：当时我站在一个60L的中试反应器前面跟荷兰电视观众解释厌氧污水处理技术在处理农业加工业污水，包括马铃薯淀粉污水的巨大潜力。我对这个采访的其中一个期望就是让马铃薯淀粉行业合作社（AVEBE）的CEO们看到这结果，我也希望AVEBE的农民们能更有动力去跟那些CEO们联系，谈谈这个系统在他们行业的潜在前景。而在同一个采访里，荷兰基建和环境部（VROM）的战略领导官员展示了他关于清洁技术的想法——很显然，现代高效厌氧污水处理完全符合那样的哲学理念。

这个电视采访的另外一个产物是我们结识到了一个年轻的有远景的年轻创业家——Jos Paques，并和他的公司开始一段持久的、互惠的合作关系。他在Friesland省的Balk地区开始了他公司的业务，从事牛粪的厌氧消化。而他希望做更大的事业。他完全被在电视采访里听到的东西迷住了。对他来说这是完全陌生的新事物，他决定在厌氧污水处理行业干一番事业，并马上联系了我。尽管对于厌氧处理的关键知识一无所知，他还是做好了准备跟我们建立紧密合作关系的准备，因为他需要我们的知识和主意。而在我这一边，我很开心也很乐意开展这样的合作事业。当时帕克公司（Paques B.V）规模还十分小，老板年轻而又充满动力，而且还是一家Friesland的公司，我真的很欣赏。

我们需要跟外界联系，尤其是专业建筑公司，因为他们能帮助我们提升我们的地位和，更重要的，提供我们需要的资金。正如之前多次提到的，这些人脉在当时日益重要，因为这才能维持我的科研团队正常运作，并保持它的独立和稳定。这些跟校外企业和公司的联系使我们能够开展各种各样的新研究去发展可持续的环境保护概念和技术。慢慢地例如通过一些合约研究、提供解决故障服务、咨询服务、营利活动和一些与帕克（Paques B.V）类似这样的公司或行业的合作项目，我们成功地筹集到了大量来自校外的经费资助，我们还得到荷兰政府的拨款资助。校董会甚至决定为我们获得的资金特别开设一个内部存款账户。我们赚到的钱都会存入这个账户，以便我们可以维持和扩大我们的团队。这在当时是极其需要的，而且日渐重要，因为在20世纪80年代后期学校给每个系科研经费的内部拨款开始减少了，我们也要面对僧多粥少的竞争。到后来，甚至连学校也要从我们的收入里抽去一笔。

1979年我们开始在英文期刊上发表我们的成果和观点，并在国际会议上展示。我们参加的第一个国际会议是1978年在慕尼黑举行的第四届欧洲污水和垃圾研讨会（European Sewage and Refuse Symposium），随后在1979年在卡迪夫举行的第一届厌氧消化会议（AD-Conference）。这些厌氧消化会议对厌氧污水处理技术和其背后的微生物学和生物化学技术的推动和发展起着重要作用。这让厌氧污水处理在全球范围引发了强烈的兴趣。我会尝试在这章稍后部分做进一步描述。

不过如之前提到的，一个重要的突破点是在荷兰举行的Noordwijkerhout会议，因为它吸引了相当的关注。我当时希望借这次会议说服瓦赫宁根大学的管理层(和决策层)给我及我的团队提供在大学里和在学术界所需的地位——例如给我颁发一个教授的头衔和一个对我团队的定位认可，还有就是更多的财政支持。我们迫切需要那样的地位认同来更有效地执行我们的任务，例如传播知识等。当时获得教授头衔看上去很艰难，或许或多或少因为我性格的缘故。在展示我们传播理念和知识的努力的成果之前，我想先交待一下我在瓦赫宁根大学获得教授称号的经历。

"在大学里，科学研究团队的领导力需要交到那些最有远景、创新力、最有活力和合作意识的人手里，而且需要给予最大化的灵活度来使学校保持它在科技发展中带头冲锋的地位。"

## 三、取得教授头衔

在20世纪70年代，我慢慢因为我助理教授的头衔在工作中遇到困难，因为只有这个头衔的我没有权利担当我自己博士学生的"老板"，而我又不能接受只有"指定的"正教授才能拥有那些特权。我觉得那是一个非常令人恼火的制度，因为他们当中有些人从来没在那些由他们同事研发和监督的创新专业领域博士生项目里作过任何付出和贡献。而且，他们当中还有人没有能力或者不愿意为此做任何事。简单来说我觉得教授终身制是严重过时的，尤其对正教授来说。我当时很想帮助我的学院从这个桎梏中解放出来。最基本的是要让学院保持在科研的前线，让大学管理层有能力预测社会的快速变迁，更重要的是留住那些

第九章　厌氧污水处理的成熟期

有天分又有抱负的年轻员工，并通过学院给予他们充满挑战的职业生涯的可能性来让他们保持高昂的积极性。在我看来，那些固化的制度使社会急需走向的可持续发展瘫痪了。很遗憾，往往学校的管理者就是这个制度的得益者，因此他们不愿就此采取行动。除此以外，无论如何，作为一个助理教授，我和我的团队将永远没有机会获得成熟期的地位，而我们又这么急需这样的地位。所以当时作为一位年轻的助理教授，我要面对一个简单的问题："如何和到哪采取行动？"虽然我当时还不知道我应该和可以怎么做，但我必须解决这个问题，因为一些外国的大学已经在我们这个领域开始占据地盘了。

在1979年，当我们系的领导Fohr教授退休的时候，一个宝贵的机会出现了。那段时间对我们来说真的忙得不能再忙了，对我而言更是如此，因为充满了我们系和学校管理层的矛盾冲突。学校的决策层还是对厌氧技术的巨大潜力知之甚少。学院成立了任命委员会来寻找合适的继位者，不过他们被告知要找一个能适合现有结构框架的专家。委员会不想考虑临时任命或者绩效评价等方案。实际上他们不想在已有制度上有任何大的改变，而我的想法总是那么有开创性。另外他们也有另外一个拒绝我成为候选人的理由，就是他们不想要一个内部人选。委员会可能真的不知道，又或者不愿相信在任命程序进行期间，这些革新性的理念已经逐渐获得了几乎整个系的认同，当中只有一个人不支持。我们无法相信最后委员会提名了一个不符合我们系形象的候选人。被提名的候选人是个地表水质量模型方面的专家，而我们想要的也需要的是一个生物技术的专家，并且要拥有垃圾和污水处理方面的经验。而当我们发现这个候选人似乎是某个受到大家认可的在位教授的兄弟后，我们对这个安排感到更加怀疑。这促使我的一个博士生就此问题在学校杂志上发表了一篇公开信，他知道他会得到整个系的支持的。我们无法相信也无法接受学校的决定，所以我们和他们闹得很僵。学校理事会接受了这个提名，尽管投票结果是赞成和反对票对半分。因此校董会的三个成员要决定如何处理这个显然很棘手的问题。提名在校董会那里也通过了，但是其中一个校董辞职以示抗议。而我和我一个同事及我第一个博士生决定在荷兰的著名报纸《民报》（de Volkskrant）上发表一封公开信，信中我们解释和批评了瓦赫宁根大学这个倒退性的错误任命机制和荷兰政府几年前对大学管理层所进行的模糊改革里一些误导性特征：例如那个所谓的大学管理层改革法规（WUB-Wet Universitaire Bestuurshervorming）。瓦赫宁根大学

145

的领导和荷兰渔农部都被吓呆了，但我们系对此决不让步。渔农部邀请我们委派代表去阐明一下事件和我们的观点，至少这是我们认为他们想做的，结果却是他们要我们去听他们的命令："要么接受瓦赫宁根大学校董会的决定，要么另谋高就。"从一个高效政制的角度来说，我们可以理解他们的要求，不过对我们合情合理的反对理由来说，他们的行为严重打击了我们对政府能够实现更高层次的民主决策的信念。我们想实现一个成熟民主社会的梦想破灭了。被提名的候选人也接受了任职。我从1972年就认识这个新任的领导，当时我和Joost van Buuren公开地反对荷兰饮用水工程部门那些过度的运输和贮存方案。当时他拒绝支持我们的行动，而我们不能接受他拒绝的理由。不过我们系也没有人考虑离开，我们决定给教授一个公平的机会。而事后证明这是不可能的，我们开始一段漫长的充满冲突争执的时期，尤其是我跟这位教授之间在能力和远景上的分歧。

回顾那段时期，我必须承认那最后演化成一段非常励志的经历。我没有想到像我们这样充满不同观点的环境系可以在这个革命性的问题上有如此统一的立场。最终，大约在8~9年后，校董会认识到厌氧污水处理需要成长壮大，值得在大学里拥有一个被认同的地位，他们决定撤销之前的决定。校董会也决定启动程序任命新的系主任，尽管这次还是折衷地同时任命一个在传统污水处理和土壤修复方面的正教授。我们的抗争最终以胜利结束。我也获得了教授头衔，不过不是瓦赫宁根大学的，而是一个由外界颁发和资助的教授头衔——这也是在经历了这么多反抗后唯一的可能选项——也就是一个所谓的"全职教授"（affiliated professor）。我不可能被瓦赫宁根大学任命为正教授了。尽管如此，全职教授的任命不是永久的，而且每3年有一次评估来决定是否能够续签。这跟我的理念完全吻合，需要成立一个外部的基金会来资助合适的人选。亏得我们一个合作公司的官员的大力帮助，这事情在几个月里就搞定了。在1988年，NETFO（Netherlands Environmental Technology Foundation）荷兰环境技术基金会成立了。成员包括了帕克公司（Paques B.V）、Biothane、TNO-leather研究所和4家咨询公司，Royal Haskoning、Grontmij、Euroconsult和DHV。回过头来看，我本应更早地采取行动来达到这一步。尽管如此，几个月内，NETFO向校董会办公室成功地递交了关于厌氧处理技术和资源回收/后续处理领域的全职教授的提议书。通过一个半公开的程序我获得了任命（很显然我是唯一的一个申请者），不过还是附加了一个奇怪的条件，那就是我需要为我的每一个博士生找到一个瓦赫宁根大学的正教授作为联合培养人。无论出于任何理由，这个要求都是没有法律依据的。我提出了抗议，最后他们取消了这个限制条件。对我来说这绝对不是一个愉快的开头，对学校更是如此（在我看来），不过最终我还是如愿得到我想要的。我以助理教授的头衔保留了我在学校的职位，而另一边能独立地从NEFTO那里得到大量的研究经费，而管理的任务和行政上的繁文缛节就交给新任系主任来处理了。

这次经历对我个人、对于我的团队、对于环境系，甚至对于瓦赫宁根大学都是十分重要的。它给我们团队、荷兰厌氧污水处理行业在学校里和国内外打造了有血有肉的新形象。我们可以集中精力到"厌氧处理和其后续处理"和"资源保护的水和物质闭合循环圈"的研发上。我也成为了瓦赫宁根大学管理层的一部分，那个我从骨子里反对的过时的权势集团，而或许他们也是用怀疑和不认同的方式来看待我的。不用说，那不是一个舒服的位置，我很难服从那里缺少创新和变化的现状。不过无论如何，我还是呆下去了！

要找一个新的系主任不是难事，因为我们系不再对教授终身聘任制进行抗议了。抗议并没有用，因为当时时机还不成熟。Wim Rulkens成了环境技术系的新教授，那不是易事，退一步来说。我们系由两个团队组成，它们在许多问题上观点立场很不一样，所以对于瓦赫宁根大学行政部门来说我们一直是个头疼事，不过我们还是这样走过来了。

在20世纪90年代中期，我意识到我的团队在我退休的交接工作上一直悬而未决，因为我对瓦赫宁根大学管理层的打算有所怀疑。所以在1996年我们决定成立"环境保护和资源回收"基金会(EP&RC)来为我们团队科研工作的延续作护航。本质上，我们最想要的是一个瓦赫宁根大学正教授的名额，同时如果可以的话，继续保留着NETFO那边的一个头衔名额。而瓦赫宁根大学的校长（Rector Magnificus）Speelman先生在我2001年3月31号的退休典礼上正式宣布我们厌氧技术领域的团队被确认获得一个Wageningen大学的正教授的名额（见图9-2）。我认为我们通过EP&RC基金会付出的努力使我们得到了这个积极的决定。基金会如今改名为LeAF（Lettinga Associates Foundation），它在过去、现在以及将来都会继续全方位地对我们厌氧研究团队提供积极的影响。

这确实是一个很长的故事，不过我觉得值得分享，因为它可能可以激励

图9-2　2001年3月我的退休聚会参与者合影

其他人去反对过时的、毫无意义的、反民主的机制。不论怎样，我退休之后，Jules van Lier成为了NETFO的接班人，而Cees Buisman则被任命为瓦赫宁根大学的正教授。这是一个幸运的连锁事件，我写得这么详细，因为它对于我和我的团队来说都是影响深远的。我希望我的经历能激励年轻的同行，无论遇到什么类似的问题和压力，无论是现在还是将来，都要敢于采取行动寻求改变。

## 四、IHE-LUW厌氧课程的参加者和讲师

在十年多的部门分歧之后，我们继续在传播知识和教育方面的努力，因为我们认为这些工作为高效厌氧污水处理系统推行实施做出了主要贡献。所以在我们的这些努力中，我们的组织和参与在专业厌氧污水处理课程中扮演重要角色。无论是在荷兰国内还是在国外。我们开始了和Delft的IHE研究所的长期

合作，在1987年开设了第一门政府资助的厌氧污水处理课（见图9-3）。这些常规课程取得了巨大成功，这给我们来自瓦赫宁根大学的老师（Hulshoff Pol、Hobma、Van der Laan和后来逐渐增多的博士生们）和IHE的Alaerts, Veenstra, Lubberding等很大的满足感和动力。我们发现参加者的巨大热情，他们都很渴望从中获取相关知识和信息。他们大部分人来自发展中国家，他们都想尝试把厌氧技术带回他们的国家去实践。这些课程都是度身定做的，提供了最新的高效厌氧技术和微生物学、化学的详尽信息，我们也和学生全面地解释污水处理的优化处理方法和综合的环境保护的知识。到了20世纪90年代，这门课逐渐被并入IHE常规课程中的"选修"模块，不过据我所知，它从未被纳入必修课的范畴。像TU Delft的卫生工程系那样，IHE的主要精力是传统公共卫生部门的污水收集、运输和处理，也很少提及工业污染的控制。但工业废水处理的内容很大程度来自厌氧废水处理课，至少对于选了这模块的学生是如此。无论怎样，我们还是十分满意的，因为很多积极性高的IHE学生都选了这门课。后来类似的课程也在国外开设了，例如在中国和拉丁美洲国家。那里对高效厌

图9-3　IHE-LUW AWWT课程的学员和讲师

氧技术的接受度和实践率都很正面积极，这些课对于这些系统在那里的正确运行也很有帮助。这也使得我们跟国外的研究所、大学、政府和科学家们都建立了许多有用的关系。而更重要的是，这让我们系的PhD项目变得更加吸引人。

回顾这些知识转移的活动，在提高厌氧技术在全球的吸引力的工作上我们是成功的，无论是在实践还是在应用型或基础型的研究上。不过它在不同国家的实际情况又有很大差别，这视乎本地厌氧技术的基础和历史、环境保护领域的水平、基建的水平以及对这技术感兴趣的人数等。看到现代厌氧污水处理的发展过程，时而成功，时而受挫，也是让人惊奇的事。

这其实也是厌氧技术在欧洲国家的处境。实际上20世纪70年代之前欧洲对厌氧技术的兴趣几乎可以忽略不计。荷兰是个例外，不过也是70年代后期才开始关注厌氧技术。或多或少在1979年卡迪夫的第一届厌氧消化会议后，越来越多感兴趣的大学和研究所的科学家投入到这领域来。我想先是英国（例如Stafford、Hawkes、Hobson等），然后是比利时，主要靠Verstraete和Nyns带头，而随后其他欧洲国家的科学家也开始这方面的研究，主要的推动者包括了Rozzi、Ahring、Angelidaki、Molletta、Colleran、Mota、Alves、Tilche、Seifried、Sahm、Rintalla、Polanco、Lema、Mata、Kroisz、Dohanyos、Jenicek、Aivasidis等。

令人意外的是，同样的事情没有在美国和南非地区发生，而事实上这些国家生产规模应用运行经验，尽管根据文献显示结果不太理想。许多美国和南非的污水处理专家对厌氧技术的前景也不感冒，很显然，高效厌氧系统展现的喜人成果不能改变这现状。而已经建立的污染控制市场的决策者也不愿接受厌氧技术。就我个人而言，我从来没在这些权威机构和财团那里看到他们对UASB或者EGSB系统有过真正的兴趣。实际上我知道在美国科学家当中，例如McCarty、Jewell、Switzenbaum、Pohland、Ghosh、Suidan、Dague、Speece和Young等，没人真的能够说服在位的权贵们改变对厌氧技术的态度。考虑到这个由他们开发研究出来的创新系统的光明潜力，这样的事实无疑是让人沮丧的。而加拿大的情况却会好一点，依赖于Van der Berg和Guiot的推动，澳大利亚的情况也类似，获得Keller和Bastone等领导者的努力。

然而，在巴西、墨西哥、中国、泰国和印度事情却进展得无比顺利。我想好好谈谈这方面的细节，因为我们竭尽全力在世界各地大力宣传厌氧污水处理的理念，而这结果对我们来说真是太美妙、太鼓舞了。这也就带来了巨大的副产物——更多的外国博士生、博士后和研究者加入到这个领域，带来了许多年轻、聪明和有热情的新鲜活力。他们对我们的研究做出了巨大贡献，大大地促进了科学理论、系统创新，他们中的不少人也担任课程的讲师。

在巴西，无论是在科研还是在实践方面，UASB的发展都是让人惊讶的迅猛。我们也在其中扮演重要角色，实际上，这在我们跟IHE合作的第一门厌氧污水处理课程之前就开始了。Elfridi Anrain，一个1980届的IHE的巴西学生，听说了UASB在荷兰的发展和应用。她认识到这个技术对于处理她国家的农业工业污水的巨大潜能，例如处理来自酒精汽油行业（酒精汽油，如燃料乙醇）的巨量污水。1981年11月她安排我参加了在Joa Pessoa的一个全国会议。在会议上，我有机会向巴西感兴趣的行业、企业、研究所、科学家和政府官员们介绍展示厌氧技术。结果也相当成功。在那个会上我还遇到了Adrianus van Haandel，他是传统好氧污水处理的专家，尤其是在硝化反硝化方面，而且他父母是荷兰人。他马上意识到了高效厌氧处理在巴西的潜力，所以他帮我开拓在巴西的发展机遇。Joa Pessoa的会议激发了一连串在巴西的厌氧技术相关活动：工业废水是一开始的焦点，后来慢慢也开始拓展到市政污水的预处理了。这也使我们接触到了更多的机构，例如在圣保罗的IT研究所（American Craveiro）和CETESB研究所（Sonia Vieira）等。我们还因此被选中作为培养选定巴西博士生的科研机构之一。许多优秀的学生来到瓦赫宁根，并为我们的工作做出了杰出贡献，也为我们科研团队创造了愉快的多文化氛围。他们在帮助巴西走在厌氧技术的前沿方面贡献良多，而他们往往采用和同事合作的方式来开展项目（Foresti 和 Zaiat, Campos, Chernicharo 和 van Sperling, Kato 和 Florencio 和 Van Haandel）。

墨西哥的情况也类似。墨西哥城于20世纪80年代早期举行的一次厌氧污水处理会议，吸引了来自欧洲和美国的专家参与，引起了这个国家对厌氧技术的巨大兴趣。像巴西那样，墨西哥的大学教授也在UASB系统的知识传播和实践推广上扮演了带头角色。这也说服吸引了一些非常聪明的墨西哥博士生来到瓦赫宁根。这样，通过巴西、墨西哥，还有在某种程度上哥伦比亚等国家的榜样作用，高效厌氧处理的吸引力逐渐在其他拉丁美国家显现，例如智利(Chamy)、乌拉圭(Borzacconi)、古巴等。在拉丁美洲的厌氧技术科学家们甚至开始自己组织举办定期的厌氧消化技术国际研讨会，而这些活动都取得了成功。

像拉丁美洲那样，厌氧技术在一些亚洲国家的发展也相对顺利，例如中国、日本和印度。这些国家其实早已是这领域的先驱，它们在许多年前就应用厌氧消化技术，把农场的粪便转化为沼气。单在中国，在1985年就运行着450万个家庭规模的消化器。在1985年广州举行的一次厌氧消化会议之后高效厌氧污水处理技术也在中国迅速引起了关注。这次会议也大大促进了厌氧污水处理在中国的研究。这也使我们跟许多中国科学家建立了关系。在那次厌氧消化会议之后的一个星期，我收到了来自中国农业部的邀请去参观在北京的农业部和清华大学，以及在成都的农业部沼气科学研究所。在清华大学的参观中，我注意到钱易教授团队的科学家们已经从事UASB系统的研发了。我在荷兰的时候就见过钱易教授，当时她到瓦赫宁根访问。他们当中甚至还有人已经开始研究颗粒污泥了（Wu Wei-min）。钱易教授当时不在北京，不过出乎我意料的是，当我在酒店看电视的时候，她出现在了电视上，她在接受关于她去中国台湾考察的采访，这是自从新中国成立后她第一次与她父亲团聚。钱易教授在可持续发展和厌氧污水处理技术的潜力上和我有相仿的理念和认识。我们从此建立了长期持久的合作关系。在第一次访问中国时我认识了一位年轻聪明的研究负责人，他叫王凯军。我们的合作从1985年的一个联合项目开始，是关于用高效升流式水解池处理生活污水的研究。王凯军在北京市环境保护科学研究院从事升流式水解池的大规模示范工程研究工作。这个概念深深吸引了我，所以我们决定尝试为他在瓦赫宁根大学安排一个"三明治博士课程"（Sandwich PhD Program），我们也成功了。

而我到成都农业部沼气科学研究所的访问也是一次大开眼界的经历，因为能一次看到这么多关于厌氧消化的全方位研究和他们对高效厌氧污水处理的浓厚兴趣。1986年我又去了一次成都，做了一个为期1周的高效厌氧处理的专题课程。中国科研界对厌氧污水处理的兴趣日渐剧增，许多高校都开设了研究中心，例如清华大学、香港大学(H. H. P. Fang, 方汉平)和稍后的西安交通大学（贺延龄）、哈尔滨工业大学（王爱杰、任南琪）等。和中国大陆一样，中国台湾的大学也开始研究厌氧污水处理（郑幸雄，成功大学）。

和中国一样，在厌氧消化系统在农业领域的应用方面印度也有很多经验，不过厌氧污水处理在那里的发展轨迹却相当不一样。我的印象是高效厌氧污水处理在印度的发展依然相当缓慢，尽管那里至少已经有40个用于市政污水预处理的生产规模单级UASB反应器。荷兰政府单方已经在那里进行了各种尝试以及在印度的研究院和大学推广厌氧污水处理的理念，但是进展并不顺利。那里的学术研究和应用之间似乎有很深的鸿沟。一个简单的合作，像我们在20世纪80年代中期在荷兰就有过的，似乎在印度没法发展起来。荷兰政府的机构企图在饮用水和高效厌氧污水处理等领域跟印度方面开展联合活动，例如他们的国家环境工程研究院（NEERI，National Environmental Engineering Research Institute），不过所有努力都没酝酿出一个厌氧污水处理方面的项目，至少没有跟我们团队合作的项目。那个大型的荷印恒河行动计划项目也有同样的情况。而在另一方面，我知道却有一些私人企业和咨询公司在UASB系统的应用方面非常活跃。

而在日本进展则顺利多了。大学、研究院和工业界对开展基础型和应用类研究的兴趣十分巨大，例如Noike、Matsumoto、Harada、Watanaba、Tanaka、Yoda，不久之后工业界和咨询公司也对兴建生产规模的UASB反应器充满兴趣。通过和荷兰咨询公司Grontmij的联合合作，几座UASB污水厂已经建成。知识的成功转移往往是靠几个个人的专注不懈和持续动力，就像在泰国的例子那样。清迈大学的Weerapan Kiatpakdee和他的老师和导师Look Hulshoff Pol的奉献巨大，几个UASB污水厂成功地在泰国建造起来，并用于处理猪的粪液和农用工业废水。得到来自德国发展援助机构的资助，他们得以完成他们的使命，这些组织包括现在的德国联邦经济合作及发展部（Bundes Ministerium für Zusammenarbeit，BMZ）、德国复兴信贷银行（Kreditanstalt für Wiederaufbau，KFW）、德国技术合作组织（Deutsche Gesellschaft für Technische Zusammenarbeit，GTZ）（现已被并入德国国际合作组织GIZ），尤其还有Technologien, Bau-und Wirtschaftsberatung（TBW）GmbH，Hulshoff Pol和这公司的Hartlieb Euler和Werner Kossmann有很好的往来关系。也因为这样，Kiatpakdee可以去Wageningen参加培训和做研究，而课程则可以在泰国完成。

高效厌氧污水处理在越南的发展确实是一个相当奇怪的故事，尽管我们早在20世纪80年代就活跃在那里。通过荷兰政府的资助，我们可以和越南的大学和研究机构一起，开展一个持久的和综合性的环境保护技术的知识转移项目，后来这个项目拓展到环境管理领域，在瓦赫宁根大学环境政策系的Arthur P.J.

Mol教授的监督下进行。Joost van Buuren是来自我们系的发起人。项目的技术部分主要是在越南实践高效厌氧污水处理，也就是进行知识转移和可行性研究。研究重点集中在高效厌氧污水处理在农用污水方面的应用，并由越南博士生来操作，主要是Nguyen Trung Viet和他的同事Phuong Mai，前者同时也是越南方面的项目协调官。他们是高效厌氧处理的专家。Viet是位于胡志明市的CENTEMA研究所的发起人和主任，该研究所主营环境技术和管理业务。

CENTEMA的部分员工在做博士论文，环境技术方面的活由Wim Rulkens教授担任导师，环境管理方面由A. Mol教授来作导师。通过这些努力，CENTEMA研究所成了在越南领先的厌氧污水处理和相关可持续环境技术的知识中心。我们当时相信，直到今天依然相信在越南这些技术有着许多处理工业污水和市政污水的出色机会。然而，实现这些系统的恰当和顺利的推行却是很困难的事。我相信这主要还是社会学的原因造成的。在20世纪70年代末我在古巴的一个知识转移项目上有过相似的经历。像在越南那样，在古巴也有很多机会。我们成功地转移了知识，却没能成功地实现系统的顺利运行，而后者才是我们主要的和最终的目的。而在其他国家，往往也有这样的情况。我们过去和A.N. Novhevnikova和Sofiya Parshina等一些非常敬业的俄罗斯微生物学家们也有过几年出色的合作。他们对我们Wageningen大学的研究做出了巨大贡献，包括了我们环境系和微生物系（Zehnder和Stams），不过我们无法找到对厌氧污水处理有任何好奇的环境技术方面的研究所。我们的联系也仅限于一些有理想的科学家们的私人联系，例如S.V. Kalyuzhnyi和M.V. Palenko。在埃及我们和埃及国家研究中心和Fatma El Gohary的团队建立了持久的合作关系，不过也很难吸引到当地的公司和水委会去实践UASB系统，连一个示范项目或者可行性研究项目也争取不到。

## 五、我们的传播工作有多成功？

我们知识转移任务的最终目的是要让这些处理系统用一种自给自足的方式得到合理的安装、应用和维护。结果往往证明这个目标定得有点过高。有些东西是我们不具备的，尽管我们擅长知识转移、可行性研究、分析解决问题、研发创新反应器系统和发展资源回收的概念。但是，去实现所需的实践推广是另外一回事。它需要决策机构能够为此作决定，而且能有相应的研究机构和公司负责选中技术的合理运行。后者可以是如帕克（Paques B.V）、Biothane 和 Waterlaeu 之类的公司，或者是有经验的咨询公司例如 20 世纪 90 年代中期在日本承担项目的 Grontmij，又可以是政府机构，甚至也可以是大学里的一个教授。但我们作为大学的一个系，没有能力承担那样的责任。而可能像 LeAF 这样的组织，尤其和企业和咨询公司一起，能做出更多东西来。

关于实现如 UASB 系统这样的想法，很重要的一点是要尽量避免给决策的机构或政府提供太多的选择。事情应该办得更直截了当一点，但实际这点上我们做得并不够，例如像越南的情况（Joost van Buuren 的博士论文）。

## 六、UASB/EGSB 技术的商业化和全面推行——商业运行的作用

很有可能，如果想宣传一种有前景的新技术而又同时想传播知识的话，最有效的途径应该是通过精心设计和合理运行的全面示范工程来展示其优点。这需要有经验丰富和敬业奉献的企业家来实现系统和技术的商业化。

### 失败和成功并存——UASB 商业化的起步阶段

UASB 系统的商业化始于其在甜菜污水处理的实践应用。然而，在此之前，CSM 公司决定先运行一个 200m³ 的 UASB 示范设备来处理甜菜污水。这个示范污水厂，安装在位于 Halfweg 市的甜菜糖厂里，并配置了 CSM 的创新三相分离器。因为选址跟市政厅只相隔 200m，所以任何臭气问题都会十分引人关注，而大家都知道臭气问题是使用厌氧污水处理系统固有的一个深切顾虑。这个项目得到了荷兰基建和环保部 VROM 的资助，后者很想在最短的时间内实现这个系统在荷兰的推行。而实际上这项目也取得了彻底的成功，系统在处理效率、运行维护和臭气控制方面的表现都令人十分满意，大家也消除了对厌氧消化技术会产生臭气问题的疑虑。这样也就排除了 UASB 系统处理这类污水和实现其商业化的障碍。很显然，CSM 是理想的带头角色。CSM 集团（De Vletter、Petter、Wint、Van Gils、Koevoets）拥有三相分离器的专利，而且他们有足够的优

质接种污泥用于新反应器的启动。也很显然其本身在甜菜污水的厌氧处理方面有相当丰富的经验和技巧。其他与其竞争的公司或者集团显然没有那么明显的优势，但也没那么困难，因为他们可以得到我们的帮助。我们在三相分离器和UASB反应系统的设计上拥有有效而实用的知识，而且也在用UASB系统处理市政污水和工业污水的实践中获得了令人满意的认识和见解。我们也开始和不同的公司合作，例如帕克公司（Paques B.V）、Advies Bureau Arnhem、Grontmij和Euroconsult。

第一座处理甜菜污水的UASB污水厂，安装于Halfweg的CSM厂里（200m$^3$示范污水厂的右侧）（见图9-4）。

示范阶段成功之后CSM-UASB商业集团希望能在短期内实现系统的全面推行。荷兰的其他同行公司例如Suikerunie和外国的一些甜菜公司也想应用这系统。1978年，CSM在Halfweg建成了第一座生产规模为800m$^3$的UASB污水厂。CSM的其他厂房也在20世纪70年代后期相继安装了UASB处理系统。而当时我们开始尝试用UASB处理马铃薯淀粉工业的废水。

CSM集团和我们瓦赫宁根大学环境技术系参与了20世纪80年代的一个大

图9-4　首座处理甜菜污水的工业规模UASB污水厂，建于Halfweg的
　　　　CSM场地内（右侧是200m$^3$的中试示范）

型项目——在De Krim村的AVEBE的一个马铃薯淀粉厂安装5000m³的UASB反应器。是AVEBE的管理层和相关的公共和政府机构决定让我们两个带有竞争性的团队一起参与，因为我们对三相分离器的设计都有很好的想法和经验。我们瓦赫宁根大学和格罗宁根TNO研究所在马铃薯淀粉方面的专家研究者都是马铃薯淀粉污水处理的专家。关于三相分离器的型号问题，我们采取了折中的办法，反应器的其中一半选用CSM的设计，另一半用瓦赫宁根大学的。但对我们两个团队而言，真正的巨大困难是如何实现这个大型反应器的良好启动，因为我们只有两个月的时间用市政污水厂的消化污泥来做启动。选用单室反应器，这真的是一个全新的启动，而且还是这种复杂的污水。我们要从周围各地收集大量浓缩的消化污泥，再用数辆卡车来把污泥充满反应器。这项启动工作真的十分困难。2个月的时间实际上是不够的。不过，这项目还不算完全失败，因为在工期结束之际，反应系统还是能把部分的负荷转化为甲烷，其他未处理的污水则排到运河里，这也是在此之前他们的排污方式。所以对于住在那个地区的居民，臭气熏天的运河本来就存在了。启动期间，我们观察到了接种污泥的大量流失。不过我们从实验室和小型反应器的启动实验获得的经验能知道这现象是会发生的，而这也是需要发生的。我们也注意到了两种三相分离的在表现存在惊人差异——有一半的液相界面覆盖了浮渣层，另一半没有。两个团队都对他们三相分离器的设计得到了相应的结论。尽管第一期的启动相当令人失望，但是我们还是保持信心，而之前实验室令人鼓舞的数据也能支撑我们乐观的信念。而且我们有足够的修正空间，因为安装已经完成了，而且下一期工作也即将展开。我们和CSM商量好，CSM从他们自己的UASB污水厂里储备好足量的剩余颗粒污泥，用此作为AVEBE第二轮启动的接种污泥。CSM成功地提供了足量的接种污泥，第二期的启动也就成了一个混合型的启动，就是说有1/2的颗粒污泥和1/2驯化过的普通污泥。这一次结果进展顺利多了，在工期进行到1/2左右的时候就能实现满负荷运行了。大家都为共同的努力和成功地展示了UASB系统处理复杂污水的可行性感到开心。剩下的工作就是要开发和实施合适的后续处理。对于这种富含营养物的出水，非常适合用于资源回收。不过这并没发生，哎，又是一个长篇故事！

在这联合项目之后，各个团队各走各的路去了。CSM决定拓展UASB商业化活动，去处理荷兰和国外的同行废水。参照在荷兰取得的成功经验，CSM集团期望他们的技术能在德国取得同样的成功。没有人会预料到他们在一座德国甜菜糖厂遇到的麻烦。而让人足够意外的是，德国厂的废水成分和荷兰的大不一样。用颗粒污泥接种的启动工作成了非常痛苦难忘的经历。短短几周时间内，污泥失去了其所有活性，并成了厚厚的固块沉在反应器池底。结果发现那是因为德国甜菜糖厂废水的含钙量高。主要由乙酸和丙酸构成的废水含有溶解性的钙离子，由于这些挥发性脂肪酸的降解，钙离子和二氧化碳结合成碳酸钙了。由于沉淀发生在颗粒污泥内部和外围，颗粒污泥因此被碳酸钙鳞片化了，就像鸡蛋壳包住蛋黄那样（见图9-5）。

图9-5　显示$CaCO_3$在颗粒中结垢情况的图片

看起来可能有点奇怪，在CSM拓展他们商业化计划的时候，我们的团队参与了一个处理玉米淀粉废水的800m³生产规模UASB反应器的启动项目，地点是Koon aan de Zaan的ZBB玉米淀粉厂（见图9-6）。这次我们的合作伙伴是一家叫Adviesbureau Arnhem的咨询公司。他们负责建筑和运输物流等，而我们则负责设计和启动。因为我们没有颗粒污泥，所以我们要用普通消化污泥作接种，所以这也是真正意义上的从头启动。而奇怪的是，这里废水的钙含量（甚至是

第九章 厌氧污水处理的成熟期

图9-6 建于ZBB淀粉厂的800m³UASB反应器，启动过程接种市政消化污泥，该图展示了被碳酸钙鳞片化的污泥颗粒

整个组成）都和德国那家甜菜糖厂的废水十分接近。然而，跟德国的情况相反，我们十分成功地完成了系统的启动，尽管我们也要面对跟德国那家甜菜厂类似的大量碳酸钙沉淀的问题。但是在荷兰的ZBB厂，这些碳酸钙沉淀物最后发展成了多孔生物填料，鳞片化的现象没有发生，实际上也不会发生。因为在接种污泥里的细菌聚合块体积很小，而且大多细菌都是均匀分散的，最后反应器里形成了一种怪异的、细针状的颗粒污泥，有很高的相对密度，而且也有很高的产甲烷菌比活性。这个和ZBB厂合作的启动项目对我们来说十分鼓舞人心，不仅因为我们成功解决了碳酸钙沉淀的问题，更是因为面对一批之前未被告知的也没法预料到的每周排放到主流处理线的高毒性侧流污水，我们成功地做出了应对。这些侧流高毒性污水导致了甲烷产量的完全（暂时性的）终止，启动工作只有在把这测流污水分开处理之后才能取得成功。

碳酸钙沉淀现象，带来了新的博士研究课题（Langerak），并且由外部资助，反过来让我们获得了化学沉淀对污泥特性的影响的满意认识和模型分析（Langerak、Hamelers、Kleerebezem）。此外，我们也找到方法来预防和阻止这类沉淀。我们甚至还学会了如何把它变成能赚钱的产品。在之前的污泥颗粒化研究中我们已经发现$Ca^{2+}$的存在能正面促进颗粒化的形成，我们用CSM的甜菜废水做过$6m^3$的中试试验，L.Hulshoff Pol在他的博士项目中也有相关实验。$CaCO_3$沉淀现象为实现微氧膨胀污泥床反应的污泥固定化提供了十分有趣的可能性（Vogelaar的博士论文），而这也可以应用到其他生物处理工艺上，例如硝化反硝化。

在ZBB玉米淀粉厂的$800m^3$的UASB厂，反应器的启动是用普通消化污泥作接种的。

建于1984年的巨大的一体式$5000m^3$UASB反应器，用于处理位于De Krim村的马铃薯淀粉污水（见图9-7）。

德国UASB的启动项目可能对于CSM集团来说太过沮丧而且太过"大开眼界"了，他们决定终止UASB的全部业务。我猜他们意识到厌氧污水处理比他们想象的要复杂得多。集团受困于对厌氧消化工艺在化学和微生物学方面知识的欠缺，最终他们的业务在1985年被GB商业集团的环境生物技术部收购（Gist-Brocades）。

图9-7　一体式$5000m^3$UASB反应器

## 七、EBSG系统的商业化

GB集团想推出两个重量级产品，一个是它自己的FB-an-system（Anaerobic Fluidized Bed系统）和注册了专利的CSM版本的UASB系统。但是他们只是想为这些工艺申请专利，而对建设真的新污水厂不感兴趣。对于像GB这种生物技术公司，这似乎是他们惯用的做法。但是现实再一次没按他们期望的上演，事情比他们预期的来得更复杂和难以控制。尽管他们的FB系统在中试阶段取得很好的结果，这我在第四章就提过了，但是在他们位于Delft工厂的第一座生产规模FB厌氧反应器的结果却相当让人失望，实际上系统失败了。反应器没能实现稳定的运行和满意的处理效率，他们还因为排放不达标问题收到了政府的几张罚单。GB集团不得不做出艰难决定——抛弃FB厌氧系统，把它改装为EGSB系统（见图9-8）。由于之前在CSM-UASB商业集团工作的员工已经在EGSB的全面实行中获得了宝贵的运行经验，所以新安装的FB反应器只需在建造上稍做改

图9-8 位于Delft的GB公司的工厂的大型FB厌氧系统，后来被用作EGSB系统

动，然后填入高质量的颗粒污泥，小心谨慎地启动和运行。他们成功地完成了任务，污染问题也得到了解决。但是GB集团的CEO们显然认为继续厌氧污水处理工艺没有任何商业前景，所以决定把所有专利权卖给了一个美国公司Biothane Int。再一次地，UASB/EGSB专家们（Van Gils、Koevoets、Frankin）又得搬到一家新公司去了。对我们来说，这几次商业转让的积极后果，就是跟我们之前互惠合作的人脉关系又得以恢复了。

## 八、UASB/EGSB商业化的成熟壮大

早在20世纪80年代中期，荷兰的一些公司和半政府研究机构，已经开展厌氧污水处理领域的商业活动，包括Biothane、帕克公司（Paques B.V）、IBVL农产品储存加工研究院（Institute for Research on Storage and Processing of Agricultural Produce，荷兰文为Instituut voor Bewaring en Verwerking van Landbouwprodukten）和Grontmij、Royal Haskoning、DHV和Euroconsult等咨询公司。IBVL研究院专注于马铃薯加工和蔬菜罐头厂的污水处理，而除了Grontmij以外的咨询公司，都主要专注于UASB系统在公共部门的应用，例如市政污水预处理。帕克公司（Paques B.V）在我之前提及的那次电视采访节目后就马上开始厌氧污水生意业务了。我们和他们建立了相当持久而互惠的合作关系。像Biothane、帕克公司（Paques B.V）、IBVL都开发出各自注册了专利的三相分离器和进水布水系统等设备。前两者凭借独家专利权实现了国际化商业上的持久成功，而IBVL主要专注于国内市场。至于我们没有申请专利的三相分离设计也能在商业市场找到自己的一席之地。

对于我们瓦赫宁根大学的团队来说，很显然，我们的业务很大程度还是来自上边提到的教育、培训和提供解决方案等服务。这也衍生出许多有趣的研究课题使我们可以开展合作项目。就商业而言，我们也非常希望能参与到例如设计、反应器启动等这些合作项目上来。

目前帕克公司（Paques B.V）、Biothane和比利时的Waterleau-Biotim是在高效厌氧污水处理领域和逐渐增加的后续处理方面世界领先的公司。他们的经理，如Waterleau的Luc Vriens，帕克公司（Paques B.V）的Jos Paques（见图9-9），以及

Biothane的Rob Frankin和他们手下的工程师们有丰富的经验。尽管Biothane在2008年加入了法国公司威立雅水务技术（Veolia Water Solutions & Technologies），但公司还是保留了相当的独立性。而公司的总部仍保留在荷兰的Delft。与此同时，过去10年在荷兰和其他地方也诞生了一批新的公司。因为那些之前申请的专利都过期的缘故，所以建立新公司难度并不大。这些新成立的公司主要专注于UASB，EGSB甚至还有CSTR类型的系统，例如荷兰的Hydrothane和Colson。

目前所有这些公司还是把它们的厌氧技术重点应用在工业部门，而那里的市场依然巨大，污水的类型也十分多样。

图9-9 与Jos Paques一起推动UASB系统在巴西工业废水处理领域的应用

上述三大公司擅长不同的工业分支的污水处理，都成为了各分支的知识和技术中心，也渴望实现他们系统的优化应用。而且他们有能力开展创新系统的研发项目，尤其是通过和大学的合作。而技术发展本身也没有停滞不前，我们不断看到新的系统和处理方法的涌现，例如膜式反应器、CSTR系统、创新膨胀床等，这些技术现象太过宽广，就不在这里一一叙述了。此外，我们也看到大家逐渐把注意力从广阔的工业污水处理转移到封闭循环式处理和资源回收的实践上来了。许多需要具备的技术都已经或即将可供利用了。这给激发新战略思路提供可能性，例如创新MBR系统和创新CSTR系统的使用。Waterleau公司活跃在工业污水处理、饮用水处理、空气净化、土壤修复、可再生能源和传统的好氧污水处理等领域，但还没有把高效厌氧技术用到这些创新实践上去。帕克公司（Paques B.V），像Biothane那样，主要专注于工业污水处理，但Biothane，通过威立雅水务技术公司，可以选择转向好氧-厌氧一体化处理系统的应用。帕克公司（Paques B.V）在20世纪90年代中期（见第十章）决定开始经营基于生物硫循环的系统业务，包括还原部分和氧化部分，例如微氧厌氧脱硫和硫回收，尤其是沼气脱硫。Buisman和Jansen是硫循环业务背后的主要创新领导者。帕克公司（Paques B.V）也做一些创新的后续处理和厌氧/好氧一体化处理的商业化尝试，例如Anammox和U-box工艺。Biothane-Veolia，像Waterleau，将传统的好氧污水处理系统商业化，但主要用于市政污水处理和后续处理。这三家公司建造了数以百计的高效厌氧污水处理厂。Biothane的UASB和EGSB系统非常成功，而帕克公司（Paques B.V）则有UASB和IC系统，Waterleau则有所谓的LUCAS概念——一种基于UASB的系统。

很遗憾，至今没有一家以厌氧技术为主导的公司把现代厌氧系统的商业化投入到公共卫生领域里。他们对这个市场相当谨慎，很显然考虑到这个市场透明度不足、工作难度大和风险也可能比较高。因此目前公共卫生市场还是暂时由已有的咨询公司把持着，因为他们有关系、有成熟的技术和偶尔有意义的创新。在公共卫生领域引进观念剧变的时机貌似还没成熟，尽管很多机会都已经出现了。我猜需要的改变太过庞大了，涵盖了太广的领域，例如收集、运输、处理、资源回收回用、城市农业等。然而，一些像瓦赫宁根大学这样的大学应用型研究团队、LeAF、WETSUS和KWR水循环研究所等机构已经开发出十分有吸引力的用于公共卫生领域的可持续的环境保护系统的过渡方法，例如优化的分散式处理方案。不过要有突破，可能还需通过合作和长期的循序渐进的方法来实现，例如先从医院、酒店和一些旅游区开始。

## 九、UASB系统全面应用的第一个十年

可以肯定的是高效厌氧污水处理在荷兰的市场发展还是令人惊叹般顺利的。创新UASB和EGSB反应器系统仅用了5~7年时间就实现了从大学实验室规模到生产规模应用的过渡。这个成功故事可以归功于以下原因。

① 1970~1995年间大学科研有着几乎完美的条件，例如他们的自由和独立性。

② CSM甜菜加工厂2位污染控制官员Rob de Vletter和Evert Wint的有远见的态度。

③ 充足的政府拨款资助和政府官员的出色引导。

④ 1970年环保控制法规的生效。

⑤ 污染行业直接和相当透明的决策机制。

⑥ 荷兰经济体系的活力。

总的来说，现状还是很正面的，至少在荷兰这样的国家这些系统很容易找到发展空间。但是在美国和其他一些欧洲国家如希腊和巴尔干地区却不是如此，厌氧污水处理在那里的应用情况还不顺利。同样法国、英国、意大利、以色列等国对厌氧技术的热情也不太高，情况跟美国有点类似。McCarty、Jewell和Schwitzenbaum在20世纪60～80年代的经历告诉大家在美国厌氧污水处理系统的研究几乎是不可能得到科研经费的。我感觉过去几十年情况并没有改观！在美国，高效厌氧处理技术貌似依然很难找到成熟壮大的机会。除此以外，厌氧系统在美国的商业化进度也很困难，因为他们能源成本低廉。所以，世界上最富裕的国家似乎也是最不愿意迈向环境保护可持续化的国家。厌氧污水处理技术在美国发展艰难的一个重要因素，很有可能，是因为处理系统和科研经费的分配和决策权都由那些对厌氧技术认识落后或对其商业化缺乏兴趣但在行内影响力巨大的专家、机构和咨询公司掌控着。令人沮丧的是这些人在世界其他地方也比比皆是，他们阻碍了社会向更持续性的方向的发展。

和美国相比，如上边解释过的，荷兰的工业部门在20世纪70～80年代的情况刚好相反。但是，那也是70、80年代的事情了。很遗憾，我们，包括荷兰和欧洲，都在往美国的方向靠拢，而不是让美国向80年代时候的我们学习。

至于荷兰咨询公司，我们看到他们几乎完全从厌氧污水处理市场撤离，只留下建筑和工程承包公司接过他们的角色。厌氧污水处理技术似乎不适合于咨询业务（可能因为它太简单直接？），公共卫生方面的情况对他们而言显然更理想。希望不久的将来这情况能有所改变，因为这些有着广泛而丰富专业知识的咨询公司真的能对实现社会环境保护可持续化的过渡做出巨大贡献。

## 十、关于产权和专利的问题

专利问题在我们研发UASB系统和随后的实践工作中起着重要作用。大部分的创业家、私企和可能许多学术研究人员都是专利的坚定支持者，但是我想对于很多学者而言他们会对此有所保留，例如他们可能会好奇："谁真的从这些知识产权中获益呢？"当然也有反对者，而我就属于这一类人。申请专利在过去和现在都跟我的观点立场不符，尤其是那些有巨大共同利益的东西，例如可持续的环保技术。另一方面，我很清楚专利能够帮助公司实现创新系统的商业化。这也给了他们动力去继续创新。通过申请专利，至少一旦他们成功找到用户和收取版税的话，他们可能有机会就此创收。不过我的看法是，最大的那块利润通常都被他们的雇主拿掉了，也就是那些研究院或大学，尽管通过这样那样的途径，雇主们会奖赏这些创新者，来答谢他们付出的时间、努力和创造力。参照我在瓦赫宁根大学的继任者 Cees Buisman 的情况，这些发明者会得到一笔类似成功费的东西。他为他的几个发明申请了专利。不过我记不得有哪个真的带来过巨大收益。不过话说回来，申请专利对保持参与合作项目的团队的积极性一直都是很有帮助的。

  专利有多面性。它当然能促进社会的活力和动力，但我依然希望社会能找到更高尚的方式来达到这一目的。在我看来，申请专利更多是利己主义的行为，社会最终会从共同利益为导向的推动力中获取更多利益，这样世界的大部分人才不会沦为这些有用创新的利益面前的旁观者。而社会应该防止这些发明创造的专利持有者把这些权利永远保鲜，现在的法规允许他们从发展完善的、过时的"照常营业"的系统中继续获利。这样的例子不胜枚举。对社会而言专利申请的一个主要弊端是即使有更好的替代技术供使用，专利持有人会继续实施他们过时的系统，他们对此就是视而无睹而已。我们又如何去解释那些律师惯用的卑鄙伎俩呢？他们经常通过不断提出那些没意义的关于知识产权的诉讼获取利益，并让他们无知的委托人幻想他们可以从专利中获取更多利益。

  就科学家而言，我真的不知道为什么他们当中这么多人依然花费那么多的时间精力在申请专利上，尤其当这工作是如此没用、沮丧又昂贵的时候。而且，按照瓦赫宁根大学知识产权经理 Van Helvert 的说法，一个专利需要是"真的全新的"，"具有商业价值的"。那我们那些发明如何呢？那些 UASB 反应器的概念，这个技术简易的优化的上流式化粪池？正如我之前说的，我不想为这些系统申请专利，因此，我把这个系统背后的原理和知识都免费发表出来跟大家分享，而 CSM 集团则成功地为他们的三相分离器申请了专利。按照 Biothane 的董事 Frankin 的说法，对这些设备申请专利能在早期加快系统的商业化进度。帕克公司（Paques B.V）在专利申请方面有着类似的经历。但是在早期成功之后，这些公司的业务主要还是要依靠在厌氧污水处理方面扎实的知识技术，包括了工艺和反应器技术、微生物和化学的知识等。此外，还视乎他们的服务质量。咨询公司本可以像帕克公司（Paques B.V）和Biothane那样在工业市场占领类似的地位，但他们没有成功。可能就是因为他们的行动不够直接明了，没有以解决方案为导向。尽管如此，我还是认为咨询公司可以在可持续环保理念方面扮演领导者的角色，以现代厌氧污水处理和后续处理技术为基础，应用到公共卫生部门中去。

在20世纪80年代，在荷兰大学工作的科学家们要反对申请专利还是件相对容易的事情。在那时候流行的思想是：公立大学产出的科研成果应该成为公共财产，至少理论上该如此。但是，自那时起，事情却往相反方向发展，现在我们看到大学是如此渴望，甚至有时还被施压去获取专利权。不管你喜欢不喜欢，这就是现在流行的风气。大学的管理者期望，或者说至少希望，专利申请有助于改善他们的财政状况，因为政府资助正逐年递减。政府的科研经费拨款组织也得照样跟着做，大学科研人员需要为他们的研究项目寻找商业伙伴，并以这种模式永无止境地进行下去。要逃出这个怪圈已经是不可能的事情。有种观点是说"没有专利的科学家是准备不足的，是不能取得有用创新的"。我想任何认同这种观点的人都是错误的。过去告诉我们事实刚刚相反。

我们成功阻止UASB发明的专利申请，那些技术公司只能为他们的系统设备申请专利，这毫无问题。但是，在某种程度上，我反对专利申请意味着我要承担风险。因为独家占有权的缺失，很有可能导致最后没有公司和企业家对这个发明的商业化感兴趣。毫无疑问，不申请专利的最严重的风险之一是发明者不能控制他的发明创造是否得到得当的施行，包括设计、建造、启动、运行和维护。回过头来看，这情况也确实发生过。另外，不向我们咨询就使用这个系统的人和公司也不在少数。有时系统被糟糕地施行，但我想即使我申请了专利，这情况照样会发生，因为有那么多不确定的因素。

另外一个巨大风险是当时一些想和我们合作的公司和企业可能会突然失去对这个工艺系统的兴趣。然而我们当时有理由对厌氧技术充满信心。我们从一开始就知道他们需要我们的知识，并对我们一些有挑战性的创新项目感兴趣，而且我们当时已经是一个设备齐全的机构，我们的团队也在持续成长。Van der Laan当时已经搭建了一个先进的仪器分析实验室，而充满创新性和主动性的Van Velsen也加入了我们的团队。Hobma也作为分析员加入进来，并在研究、培训和基建维护上贡献良多。

> "一个国家，如果它的土地是私有财产，而且一切都以金钱来衡量的话，将很难实现基于公正和繁荣的统治。"
> ——托马斯·莫尔（Thomas More）《乌托邦》

关于上述的讨论，如果我说是"自由市场经济迫使大学去为他们的发明创新申请专利"，应该也是正确的。我们看到在过去几十年，尽管他们在现代先进大楼里工作，但大学里的科学家的工作环境急剧恶化。年轻的聪明的科学家能在大学得到一个固定职位的机会越来越少。获取充足的科研经费也变得越来越难。也因为这样，大学逼着要花费（或叫浪费）大量的时间和精力去写方案申请，觅求合适的合作伙伴，还要和没意义的官僚主义周旋等。因此涌现了大量的问题：大学培养这些学者究竟为了什么？为什么我们抛弃了20世纪70～80年代的优秀环境？如今这种持续的破坏最后会导致什么后果？按照许多跨国大公司CEO们的说法，他们的观点是得到政治家们支持的，这是为了实现有前景的创新发明和获取新的财产，不断地通过垄断知识和技术来巩固他们的市场地位，而同时他们在他们的公关活动中则宣称他们的工作目的也是在于改善国家或地区或国家联盟的地位。

相比其他任何人，这些跨国公司能更容易地把任何想要的东西申请专利。他们有资金，也对复杂的赋税漏洞了如指掌。同时，我们也看到像希腊、西班牙、葡萄牙这些国家深陷财务困境。这些国家没有机会和垄断了知识的跨国商业巨头对抗，而他们的年轻一代也鲜有就业机会。很遗憾，这就是我们自由市场经济遵循的法则，一个由利己主义驱使的绝望的经济体制，充斥着催生金钱激励的烦人竞争。它最终导致赢家越来越少，输家却急剧增多，直到大家都成为输家为止。这是一个灾难性的发展模式，使本来的朋友变成了对手甚至敌人。这也是私有制问题绝望消极的一面。我知道很多人认同这一极端观点，也和我一样希望为此找到对策出路。我们现在的社会系统需要彻底的改变，我们需要去其糟粕、取其精华，我们需要真正激励人产生希望的驱动力来促进合作而不是竞争，更多的社会安全感而不是为了生存的丑陋斗争。

总结关于私有制的讨论，我想反对它的比支持它的论据要有力许多。我希望大家同意社会能从可持续的污染控制技术中获益。然而，要实现这一点，很显然我们需要企业家或者工程公司接过挑战来把这些系统商业化，实现这些系统的优化运行，而且乐于根据实际需要进行改造创新。对于上述的一切，如果他们需要为某些部分申请专利，也绝对没有任何问题，但是，重要的是他们应该是货真价实的专家，有能力也愿意交付出色的工作，而厌氧污水处理技术实际上比大家所说的要复杂很多，而且在很多方面还有待改进。

# CHAPTER TEN

## 第十章

## 互补性的后处理和资源回收处理系统

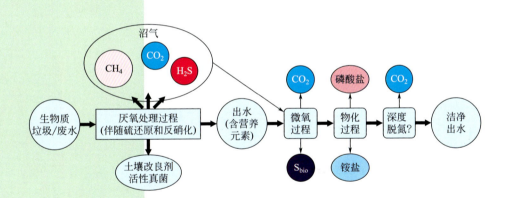

## 一、自然界给人类的启示

在前面的章节里我解释了UASB和EGSB系统是如何发展和为什么可以发展的原因，并且汇总了在应用过程中遭遇的特殊困难，以及推广应用到不同领域的成功和失败。这些创新性的高效厌氧废水处理（AnWT）方法包含了废水一级-二级处理配置；他们包含了我们在自然界中可以发现的生物矿化途径（NBM）和其诱导一类非常广泛的古菌（甲烷菌、乙酸菌、硫酸盐还原菌）的能力，其包含了非常稳定、抗干扰的自然生命体，他们事实上是后来生命形式的基础，即微氧、好氧和缺氧微生物和所有更高级微生物。当这些"发明"生长"平衡"时，我们可以说"清洁环境"。由于不时有由于饥饿而死的微生物，需要有效地矿化死亡剩余的有机体，改善现存一代和新的种群保持最佳条件的概念，即自然生物合成（NBS），以这样的观点保护我们生存环境的最佳方法，即真正可持续方式就是采用基于结合自然生物矿化和合成处理工艺（NBM&S）。NBM&S闭路循环的概念包含了很多单一元素的子环（见图10-1）。NBM&S生长部分的概念与矿化部分完美的耦合，将完成我们迫切需要的处理工艺和最优的资源保护和资源化。

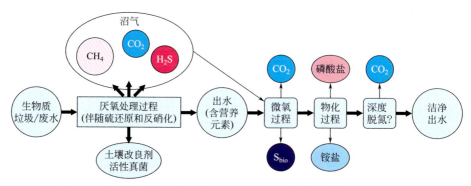

图10-1 自然生物矿化和合成（NBM&S）途径取得可持续的环境保护模式

NBM&S闭路循环现象从神秘的生命进化开始就存在，但是我们人类最近才刚刚意识到它的存在，即大约在19~20世纪之交的时候。但是从那时起我们的科学家，特别是微生物学家和生物化学家成功地改善了人们对于这一无限复杂黑箱的了解。经过30~40年的发展，生物技术领域逐渐成熟，生物技术专家也逐步认识到这些令人着迷的生物技术能够让我们获益匪浅。但是，我们距离目标仍然有相当的差距，因为我们不仅要了解微生物学和（生物）化学，还需要开发适当的反应器系统和工艺，并且评价这些系统的最佳运行条件以及适合的应用这些技术的程序。上述这一切事实上是老生常谈，社会需要充分意识到适当实施这些创新的处理方法的重要性。

在20世纪70年代中期，在我认真研读了Young和McCarty关于"厌氧滤池"的文章之后，我心目中替代占主导地位的好氧废水处理（AeWT）的一级处理技术已经发展起来。对我来说越来越不能接受这些技术在现代传统污水处理实践以及工业废水处理所占据的地位。这些类型的AeWT系统不符合NBM&S的理念，AnDi/AnWT应该作为初级处理的方法，而AeWT处理系统的一项重要功能是精细处理和实现废物（营养物质）的资源化。只有当几乎所有生物可降解污染物由适当的AnDi/AnWT工艺去除之后，才应该采用废水曝气好氧处理。正如在第五章（毒性一段）里解释的那样，我们（Jim Field和他的团队）在毒性研究中发现一系列关于污染水省略曝气的证据，我们发现向新鲜废水，特别是源于废水厂或蔬菜加工废水供氧，会大大增强从原始非常容易生物降解——高度还原——化合物形成不可生物降解的高分子化合物（腐殖酸）。通过这些实验结果得到的信息再清楚不过：避免向废水供氧，除非是非常低浓度的水平。但是，我们清楚不论是什么类型的废水，稀释原来浓缩的有机物是犯忌讳的，因为这是破坏资源回收！"稀释是制造污染问题"。传统的农民其牲畜产生粪便的收集、转运和处置实践的原则总是"预防污染。"而我们看到现代的牲畜养殖的实践与之相反，并且其在现代公共卫生领域（PuSan）的实践中占据了极大比例。由于AnDi转化方法是关系到自然界中矿物循环不可或缺的方法，我们应该在"废水处理的实践"中尽最大努力去实现，至少我相信我们可以发现很多替代方法。无论如何，只要我们愿意，我们能够开发资源回收的最优（生物）技术，并且青年科学家们将会不断地带来令人惊奇的有用发明。

## 二、后处理和资源回收

实际上所有AnWT系统的使用者均意识到其出水常常令人不愉快的特性：

它们外表一般是恶臭和浑浊的。几乎所有普及了化粪池用户的居民可以感受到上述问题。一般会明显地警识"请勿靠近废水，其仍然存在健康风险！"这种令人不愉快的外观其实是误导，情况要比看到的好得多，因为绝大部分残留的（产生的）污染物保持在厌氧出水中，例如巨臭挥发性含硫化合物，一般非常少（除非残留硫化合物浓度高），并且这些物质的前体物绝大部分在运行良好的AnWT（预）处理系统均被去除。这些事实意味着用相对简单的补充（后）处理可去除存在于厌氧出水中剩余污染物，即出水"需氧量"相对低，从而我们不需要在后处理（第一阶段）采用昂贵的曝气设备。考虑到部分污染物高度还原特性需要从空气中或多或少的曝气到水中提供氧。

## 三、开发微氧处理

自然界本身很清楚地证明了如何解决难题，生态学家、废水生物技术人员和普通市民都意识到了在轻度污染的地表水自然发生的"自净过程"，这表明为了取得最好的结果对于"厌氧出水"仅需要提供少量的氧，即采用自然界的"微氧"（$Ae_{micr}$）后处理原理。我们还需要做的是开发适合的技术和（其他）应用。我们在生活污水综合研究中证实了在$Ae_{micr}$条件下的巨大潜力（王凯军、Zeeman、van Buuren）（见图10-2），并且在AnWT处理后，处理第一阶段引入了微氧生物废水处理（$Ae_{micr}$WT）工艺，它是腐败废水和清洁好氧环境（清洁水）之间的"桥梁"。但是，那时系统没有被认为是一种可行的、独立的处理工艺，但是在我们的心里它是创新方法并且代表了NBM&S概念的一个关键环节。这是存在的最好的选择了，至少我不认为我们可以发现更好的选择。如上所述，无论如何我们能够通过开发适当的能够加速微氧转化过程的生物技术来改善它的功能，或者进一步我们可以直接通过$Ae_{micr}$工艺生物转化形成有用的化合物，即包括最终产品和/或中间产品。但是如果我们不知道如何操控这些生物转化反应我们就很难达到目标，因此我们需要通过微生物学、生物化学和反应器技术清楚了解到底发生了什么反应。

我们有非常高的预期来开发这样创新性高效微氧处理系统作为后处理已经

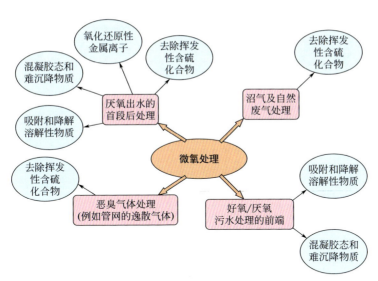

图10-2 微氧处理系统的潜力

完全实现了，第一个这样的系统，我们（Buisman和Janssen）开发关于生物转化硫化氢为元素硫的微氧$S^o_{bio}$工艺；工艺主要包括了硫的生物循环氧化部分的第一阶段（$S^o_{bio}$循环）。这一生物硫工艺成为我们实验室主要的研究领域，因为实践很快清楚地表明了这一工艺具有巨大潜力。除了去除硫化氢和去除厌氧出水和废水中的硫化物，它还被确认适于从沼气、天然气和污染气体中去除硫化氢。随着Buisman和Janssen加入帕克公司（Paques B.V），微氧处理系统在公司新建立的研究实验室里成为了主要的研究内容。许多他们在公司进行的研究是与Kuenen的研究团队（代尔夫特微生物系）和Keizer（Wageningen农业大学胶体化学系）合作进行的。随后我们能够证实工艺可以很好地处理多种挥发性有机硫化合物；这是Buisman和Janssen指导下的PhD学生卓有成效的工作成果（见图10-3）。帕克公司（Paques B.V）著名的Thiopaq工艺在商业上取得了巨大的成功。在20世纪90年代中期帕克公司（Paques B.V）和Shell公司开始合作将Thiopaq技术应用于从工业废气、天然气和合成气中去除挥发性含硫化合物，导致Paqell合资公司的建立（见图10-4）。

与20世纪70年代早期发明的UASB系统一样，微氧$S^o_{bio}$工艺仅在6年里就顺利地找到了其发展到生产规模的路径。到2013年已经建有158个Thiopaq处理厂去除沼气中的硫化氢，并且找到了在天然气工业中的应用，它比到现在为

▶▶▶ 通往可持续环境保护之路——UASB之父Gatze Lettinga的厌氧故事

Cees Buisman　　　　　　　　　　　　　Albert Janssen

图10-3　Cees Buisman 和 Albert Janssen 与他们欣赏的产生元素硫的微生物

图10-4　Thiopaq 工艺处理填埋气 $H_2S$ 吸收塔和生物转化装置

止采用的物理化学工艺要有优势；但是仍然需要时间，大多数涉及这一项目的 Shell 公司的工程师具有物理化学的背景，而不是所需要的生物化学背景，这与在 Pusan 领域的卫生工程师遇到的情况可以类比，不同的是他们是为私营公司工作而不是为公共事业。

$S^o_{bio}$ 工艺的潜力不仅限于硫化物的去除,它还能够提供另外一个重要特性有吸引力的硫元素回收,元素硫(生物硫)具有特殊性质,可以作为杀菌剂,可以用作肥料,因而其产品存在具有吸引力的潜在市场,例如对于帕克公司(Paques B.V)本身。后来确实如此,生物硫工艺具有从污染土壤和/或废水中去除和回收重金属(例如Zn)的潜力,例如酸性采矿废水(Tichy)和特殊的(例如Cu、Zn、Co污染)工业排水。对于后一种应用反应途径需要以一定的方式结合 $S^o_{bio}$ 循环还原与氧化两个部分,并且需要达到完全的氧化。它包括基于扩展的 $S^o_{bio}$ 循环处理系统。多年前就有这样的实际生产规模的应用从污染场地中处理和回收Zn,它采用了帕克公司(Paques B.V)的一个特殊的技术,因此公司独占了这一令人兴奋的领域。但是这并不意味着它的竞争者们,例如Biothane、Waterleau不能采用微氧方法去除。

除了上述硫化物去除/回收的应用,$Ae_{micro}$ 处理理念可能在多个其他有趣的潜在领域得到应用(见图10-2)。一个有趣的应用是利用其去除胶体的能力从厌氧出水或原污水中去除胶体。我们在初步的实验中和前面提到的污水"水龄"研究中(Wang Kaijun、Zeeman、van Buuren)以及随后采用 $Ae_{micro}$ 生物转盘后处理(Tawfik Ibrahim)生活污水厌氧预处理研究中观察到了这一能力。由于高效AnWT生活污水处理系统对胶体物质(网捕和/或转化)低的处理效率(De Man,Metwalli),这些观察是令人鼓舞的,高效AnWT系统非常需要(高效)补充系统来更好地克服"胶体物质去除"问题,因为胶体组分经常包括大部分分散的病原微生物。胶体物质去除的机理可能包括网捕、由胞外多聚物引发絮凝、混凝、与由于厌氧出水中存在的 $Fe^{2+}$ 氧化形成的 $Fe(OH)_3$ 共沉淀等综合反应。

$Ae_{micro}WT$ 配置可以作为后处理或预处理集成到二级处理工艺(例如AnWT系统)。事实上,在"前端"采用 $Ae_{micro}WT$ 不是什么新工艺,在由德国Bonnk 20世纪70年代发明的所谓AB工艺的A段就已经应用。但是,在当时这种前端处理并不被认为是 $Ae_{micro}WT$ 系统。无论怎么讲它是一种应用并且具有去除胶体物质的巨大潜力。由于对于构成胶体物质去除能力的基础机理仍然不是非常明了,并且适合反应器系统和工艺条件需要进一步开发,从而在WETSUS研究所这是一个非常重要的研究内容(Tinmink)。

## 四、物理化学（后）处理

多种物理-化学（PC）工艺经常与微生物降解工艺同时进行并由这些工艺引导。对于AnDi/AnWT工艺更是如此。由于在这些工艺中的生物转化反应通过反应介质表明经常发生非常剧烈的变化，例如以pH值表示，氧化还原电位和成分。结果引起各种类型难溶性盐的沉积，例如金属硫化物（如微量元素）、鸟粪石（硫酸铵镁）、金属碳酸盐和硫酸盐（特别是碳酸钙和硫酸钙）。这些沉淀反应很明显会发生，特别是处理高浓度废物（废水），这又一次指明了"防止稀释"的巨大（附加）好处，即它导致系统总的处理效率显著提高和最优的资源回收，遵循这一众所周知的特点，将实现去除有机污染物几乎完全稳定化/矿化。

对于各种自然PC工艺的补充，NBM&S概念非常好地适合于1～2种人工PC工艺相结合。对于去除和回收营养物和重金属有一系列这样的工艺可以开发。有吸引力的工艺可以包含吹脱-吸附、化学沉淀为基础的工艺，例如去除/回收氨氮、硫酸盐，金属和硫酸盐进行离子交换，氧化反应和UV消毒。选择适合应用的PC工艺依赖于废水或废弃污泥/固体类型，根据现场或季节主要条件处理目标。但是，对于本书来说在正文谈论也许是远远不够的。我仅仅想明确的是AnDi转化反应是高度多功能的，我总是把它设计作为NBM&S处理概念的"核心"。我们关心生物可降解物质的降解和矿化，以及其促进去除和/或回收有价值的营养物和微量元素的用途。

虽然我没有为其他技术设计核心方法，很明显所有其他类型的NBM&S处理系统的功能对AnDi/AnWT方法是必不可少。事实上，自然界很清楚地指示了我们，我们必须、应该通过采用NBM&S概念和"防止稀释"保护/循环有价值元素/矿物。

## 五、必不可少的好氧处理

图10-5所示为NBM&S概念框架下AeWT系统作为最终处理阶段一系列最

基本的功能，即后处理阶段去除残余污染物，特别是病原微生物、硝化和有价值的宏量营养物，大多数可以采用传统的AeWT系统实现后处理，最近开发的好氧颗粒污泥处理系统可能提供了更大的潜力，因为可以使工艺在非常短的水力停留时间运行。AeWT系统的资源化功能无疑是不久将来的重要热点，营养物的资源化可以通过商业化收获不同类型的生物质，如藻类和浮萍来实现。这个想法一点也没有新意，但是目前为止急迫实施这些系统和开发工程，可行的技术进展相对很小，营养物的资源化需要程度差且资源化产品市场价值太低，技术相对不完善。似乎在未来几年里这些局限性将被克服，我最近开始意识到有一系列非常有趣的创新性的进展正在进行。因此我们有理由预期新的AeWT方法将成为居民区并且很可能用于其他目的，例如娱乐，结合废物处理和资源回收的集成技术。可以采用的系统数量在增加，我们将基于细菌培养传统系统，采用高级微生物如特别培养的藻类的创新系统，并采用真菌的创新系统，因为它们能够降解现代社会产生/使用的"难"生物降解的有害有机化合物。

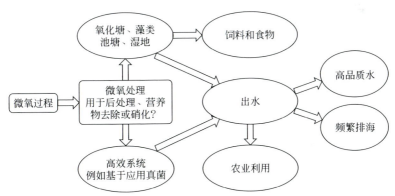

图10-5　在后处理和营养物资源化中好氧处理方法的潜力

## 六、令人振奋的基于NBM&S的概念

综上所述，在我们已经掌握的NBM&S处理配置中，有一系列灵活的、紧凑的、低成本的、高效的"废弃物资源化导向"系统，其促进了从工业、生活和农业废弃物最大程度的资源回收和回用（R3）。产物覆盖了肥料、土壤调理

剂、沼气、元素硫和高品质的生物质、食品和清洁水以及土壤和空气。不同的处理系统能够应用在几乎任何规模和场所，经常与复杂的基础设施无关。在过去10年里对于大多数不同工艺的理解取得了很大的进展，其中很多已经能够优化应用，但是有一些需要进一步研究，例如藻类和浮萍的培养系统。后者虽然从20世纪80年代就开始研究，但目前还不能实用化。因为在21世纪开始之际，这一问题由于越来越重视废物（废水）处理的资源化方向和各种对于藻类具有吸引力的潜在应用（WUR、Wijfels）重新引起人们重视（见图10-6）。

图10-6　Jules van Lier在埃及开罗用于营养物回收中试UASB和浮萍

考虑到各种NBM&S系统技术，我们将观察所有升流式和下向流污泥床系统，低速和高速反应器类型，我们将以串联或并联方式整合所有装置，结合应用于当地农业活动，这均取决于目标、当地的情况、涉及民众的程度，无论如何将是令人鼓舞的整体解决方案。将有许多不同领域的专家参与，特别是"可能是最重要的"居民也将参与，它将成为更加自下而上，而不是自上而下的解决方案。考虑到进一步的发展动向，这将是今后对居民、城市和区域有吸引力的生活方式。

剩下的主要问题，很明显所有的创新系统均面临的问题是在短时间内让它们在当地实施。这是困难的选择，特别是当已有建立完好的竞争技术需要被废弃，我们注意到现代AnWT系统重复了这一过程。我在前面几章里多次谈到这一问题。虽然如此，考虑到在可持续的环境保护（$EP_{sus}$）方面的巨大需求及获得的巨大好处，我们别无选择，在工业、农业和公共事业等所有污染控制领域，只有以某种方式或其他方式采用NBM&S处理概念（见图10-7）。

实际上NBM&S处理系统所有单独单元可以起到摆脱过时传统方法的杠杆作用。如上阐明，有大量的创新系统已经起到这样的作用。但是，为了尽快地取得可持续的环境保护（$EP_{sus}$），例如取得新千年的发展目标（MDP），我们需要做更多：我们需要进行"污染问题预防（P3）"。传统的农民、目前工业污染控制部门对此有很好的理解，不幸的是，到目前为止在公共卫生（PuSan）领

图10-7　在Erbeek工业水处理厂基于NBM&S处理设施处理3个造纸厂出水

从右到下：原有的Pasveer塘，现在用于后处理（好氧，不是微氧）。后沉淀池，新的UASB反应器，老的UASB反应器，在中间是生物脱硫装置，吹脱和微氧生物反应器，预沉淀

域对可持续的环境保护理念仍然缺乏理解：这仍然不是他们所关心的热门话题。在这些部门政策、决策存在这样巨大差距的主要原因，在于私营领域决策者热衷于采用任何现代先进的理念和技术使其能够不断提高"竞争地位"。在公共事业领域的情况是混乱的，如果涉及私营公司坐在桌子一边，而作为支付费用的代表坐在另一边，决策过程非常缺乏透明性。无论如何，考虑到涉及关于资源回收和回用（R3）和污染问题预防（P3）事业的巨大效益，并且事实上技术是成熟的，我相信具备完全"封闭的水和物质循环"条件指日可待。关于温室村镇的概念应尝试集成NBM&S技术装备、在温室中产生的太阳能、储存在水体中的热能、产生的沼气和电能、肥料和有机土壤调理剂的回收和农业回用实践和居民的参与，城市规划等各个方面（见图10-8）。

　　这一概念是多领域高度参与的工作，它需要建筑科学家、生物工程师、农业科学家、生物化学家、卫生工程师创造性的投入。大约2005年我们尝试争取

▶▶▶ 通往可持续环境保护之路——UASB之父Gatze Lettinga的厌氧故事

资金支持这一概念可行性的示范,即我们方面有Jon Kristinsson(建筑,城市规划科)、Noor van Andel(物理学家)、Adraan和我自己。我们没有成功,基金委员会投入的优先序是二氧化碳捕捉和储存(CCS)的骗局。尽管如此,我坚信通过整体的环境保护、资源回收和绿色能源产生的温室村镇概念等方式将会很快发扬光大。因为他们提供了迈向可持续发展社会所需要的关键一步的巨大可能,即社会将为所有人民提供显著提高的环境质量和前景,实现理想社会中的"生活质量"的实质性提高。

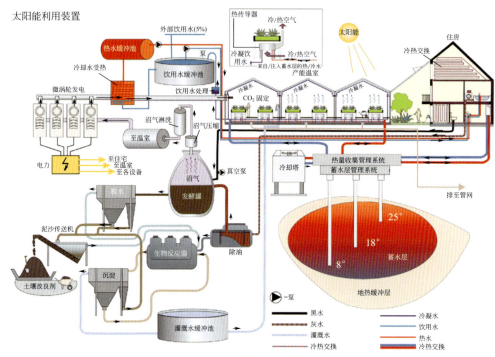

图 10-8 整体温室村镇概念

# CHAPTER ELEVEN

# 第十一章
## 坚持走可持续发展道路

## 一、关于可持续发展的一点想法

从1970年我从事厌氧废水处理（AnWT）工作开始，可持续性的含义对于绝大多数的公众来说是朦胧的，就像AnWT对卫生工程师一样。他们中的大多数人从来没有听说过这个概念。然而，由于迅速增长的意识，急迫需要关注像环境保护（EP）和慎用自然资源（罗马俱乐部，1972年）并且随之而来的有重大影响力的"可持续性"理念，大约在20世纪80年代的初期这成为了热点议题，我认为对于大多数人来讲有点过热了。他们已经对整天谈论可持续性厌倦了，或者他们已经被搞糊涂了，因为至少有40种不同的解释。大多数解释是目光短浅的和/或私利所驱使的。一个典型的例子是一封由80多个荷兰银行CEO，多国研究机构给荷兰政治领导人（12-12-2006）的信。在这封信里他们极力主张强调自然作为我们生存基础的重要性。由于当代和下一代自然需要保护，并且他们特别强调生物多样性的重要性，世界植物和动物灭绝及耗尽化石资源的风险。但是，对于数十亿当今人类期望的引人关注的生存条件却未置一词，这无疑是最为主要的事情。

因此，从本质上我们面临着这样的问题，例如什么是可持续的社会（SOCsus）和它是干什么的，谈一下我自己20世纪70年代在可持续发展问题上的思考和体会。我的视野离开我关于放射性废水研究的博士论文，我注意到"罗马俱乐部"的报告，并且被Perry McCarty提到的AnWT的概念引人注目的优点所深深吸引。

但是，对于我来说，在我逐步意识到考虑可持续性问题重要性的过程中，德日进（Teilhard de Chardin）对我的影响是极为重要的。我在20世纪60年代早期开始读他的著作《人的现象》(*The Phenomenon of Man*)，反复阅读最后很多年以后读完，包括他的关于最后命运的远见。他的科学洞察力直到现在一直影响着我。这是事实，特别是他关于生命和宇宙起源的见解和他关于生命进化过程中突变始终存在的见解。基于这些洞察力，他深入思考生命如何可能连续进化和他最终的归宿是什么，特别是关于人类如何可能起到胁迫作用。他推测了引人入胜的（至少对于我）可持续性的社会前景。我逐渐在他的预见中发现他的中心思想是"在我们每个人的头脑里，在我们不断进化的超级大脑里，我们的洞察力持续增加,进化的先锋们义不容辞地承担,尽我们最大的努力使科学、技术、文化和精神发现进一步完善,从而进行进一步的创造和阐明生命的意义"。我从德日进(Teilhard de Chardin)学到的东西是为了了解我们周边发生的事情和做出恰如其分的应对,我们需要采用开放的心态。根据德日进(Teilhard de Chardin)的思想我们的未来在我们自己手中,我们不应该太多地将其归结于过去的和正在进行的所谓的"恐怖犯罪"。相反我们应该采用所有的知识、洞察力、文化、奇妙的工具等,为每个人的安宁工作,因为作为人类我们内心均渴望获得知识和洞察力,永不休止地探索未知。我们已经获得了巨大的成功,我们开发了日新月异的仪器并且将以极快的速度继续开发。

仅有我们人类具有反思和创新的能力。仅有我们能够极大地影响到我们星球环境并且进化生命,无论是有益还是有害的"超级生物"都在日益增加。生命发展的历史扎根于我们的星球,它的历史比其起源引人入胜,同时由宇宙提供给其需要的能量。

我们知道上亿年前我们的外形、各种进化的生物分支突然停止,可能是通过一些自然的灾变,一些较高级的脆弱的生物种群灭绝了。沿着前面的路线不断进化的一支,我们也意识到不定什么时间由于某种自然灾难(像黄石一样超级火山爆发?)或者由于"我们自己的愚蠢",我们这一分支也可能停止存在。

回到我认为什么是正确的$SOC_{sus}$的解释,我认为我们可以说它的主要核心如下。

① 最大程度地保护化石和自然资源,例如在环境保护、食品和能源生产、供应、运输和贸易中形成水和物质的闭路循环。

② 最大程度的社会保障,通过关注问题保护社会所有的主体、社会公平与正义,安全稳定生产和供给以满足基本的需求,刺激社区、区域和/或国家自给的水平,改进民主的水平。

③ 最大程度人力资源的开发,通过创造学习和教育的时间,优化应用科学和技术的成果为所有人分享自然资源收益。

考虑这3条核心原则,可以整合托马斯·莫尔(Thomas More)的《乌托邦》和布伦特兰夫人(Gro Harlem Brundtland)的报告《我们共同的未来》中的思想,我们可以设计"人类优化的进一步发展和开创性发展的最终目标"。

## 二、走向更优越的生命形式

在数十亿年进化发展的各个阶段，生命（在所有的方面）总是推动现存的物种和种群发现并追寻较优的形式。在人类出现以前，这或多或少是偶尔通过自然界的"试错"过程发生，这导致产生体格上优越的种群、更加"合作的种群"和有时高级的聚集生态系统。在这些现象背后的原理是什么？宗教人士相信答案可以在他们的圣经里面发现。但是，在这些圣经里面一些解释不清晰，他们不能（不再）否认科学的洞察力。另一方面科学家也受到质疑，由于他们仍然面临无限的问题需要解释，仍然存在很大的神秘性，举例来说："对于'无限'和'外星球'显而易见概念的意义到底是什么？"

在某些方面，好像以前和现存的活着的这一代种群，特别是我们人类正在进行的进化过程，总是在忙于填充"知识的水库"。看起来水库是存储极端精巧的进化的创新性成果，这些已经被固化/建立在所有现有的体系，并且将不断驱使情况向未来更加优越的一代发展。这一知识的水库在神秘的宇宙的起源方面是一个空白，在某些方面就像新生儿的头脑是空白的一样，并且这受到进化成果积累过程的影响。从进化的角度讲在开始后的几十亿年里这一积累过程进行的极端缓慢，但是由于进化过程的持续加速，目前看起来它达到了指数期。目前具有更强的能力、仪器和机会使得能够实现日益增加的复杂性、高度的聚集、更强的生命能力。这些进化演变是事实，它们过去在发生、现在正在发生，没有任何人可以否认，生命的新形式的多种可能性似乎是无穷无尽的。我直觉地感到这种无穷无尽、无休止的发掘"知识宝藏"代表了"未来"的吸引力，即将要发生的事情很难定义，但是无论如何它可能涉及"创始"。因为在地球上人类神秘地出现，这将导致生命的进化过程日益受到人类的影响，在这个意义上新的物种产生的偶然性降低，缺乏直接针对完美体格或新的物种进化。相反他们在精神上和品格上更加完善，他们通过我们人类巨大的创造力和渴望日益增加活力。这大概是德日进（Teilhard de Chardin）的愿景。我喜欢这种愿景，尽管事实上他的科学解释不一定完全正确。他的愿景意味着"未来"将日益依赖于我们人类活动的参与，从而受我们的引导，这与过去曾经发生的充满无穷无尽的、杂乱无章成果的库藏有一些不同。人类从晦涩不明的诞生就总是致力于建筑一种包括"知识、智慧和技术"的超级结构。我们每时每日都可以感受和经历，也正如人类能力的扩张是以指数方式进行的事实。但是在无尽的视野里，像以往任何时间一样，总是存在引人入胜的渴望去观察、去经历、去感觉或者以其他方式体验"正义、博爱、自由、公平、美丽、尊严、幸福和民主"等这些难以理解的概念。我珍惜这个想法，我也怀有这一梦想，因为这适用于我们每个人的生活，适于具有生命的人性。对于有宗教信仰和没有宗教信仰的人是相同的，这可能导致鼓励过多的对"无限"和"永恒"棘手概念的考虑。最终我们都会或多或少的面临同样的秘密，有意识的人们会问："为什么，什么原因，使人们关注上帝？"为了取得某种完美？无论是什么，事实上我们都在一直进行构建一种超级结构的工作，可能是独立的、自治的，包含一种将来生命进化的过渡。并且，看起来它很可能将是人类创造的，特别是有利于人类的，并且希望是服务于人类的。德日进（Teilhard de Chardin）提到关于 Omega 点超越任何事物的最终状态、复杂性的制高点和宇宙可能的演变意识，它是一种可能存在的超越宇宙和宇宙独立演变的状态。由于他的宗教信仰，在他的愿景里也提供人类灵魂的目标，使得人们不断地奉献于它，这是他超人的思索。

我想大多数人将同意德日进（Teilhard de Chardin）关于人类能力日益不断增加，将掌握自己命运的想法，并且这是生命进化到目前为止唯一的可能设定边界。这意味着我们有义务去了解和遵从自然，如果我们不能，我想我们将没有机会获得和谐和平衡的社会。从自然界的大量实例和我们自己的历史，我们知道群体合作的方式的生活质量远远优于以个人兴趣为主导的群体。我们都知道，至少可以想象到，如果我们不能（或不愿）付诸有效的行动使社会免于陈规陋习的话，社会就会像魔鬼本身一样。只要人们仍然是完全的无知状态，大多数这样的恶习在过去是隐蔽的遗传性的。但是即使现在社会绝大多数的居民都同意这一观点，但是，迫切需要的巨变仅在某种不可逆的转折点发生，就像自然界经常发生的那样。

## 三、为实现社会启蒙式转变而不懈奋斗

在上帝与恶魔之间做抉择，这类奋斗是人类历史进程的一部分。从远祖创造社会至今，我们视揭露社会丑陋病态为一项使命。这项使命极其辛苦、高度

风险，且难以取得彻底成功，毕竟只有很少数人对此抱有信心，大部分人甚至习惯了不去抗争。更糟糕的是，大部分的世界领导者们乐于支持犬儒主义的盛行。但我想即使"统治阶层"也不会否认，大部分出格的、甚至恶心的个人行为都源自病态的社会，比如社会保障和社会公义的严重缺失。"统治阶层"由具有权势的、物质丰富（甚至是奢华）的特权个人、家族、机构和公司所构成，他们组成了权力体系的各个层级，尤其是"精英"阶层。他们清楚自己受到极度陈腐的法律体系的保护。这个结果与律师们"擦边球"式（经常已经属于犯罪）的行为是分不开的，就像历史上反反复复发生的故事一样，虽然过去的情况可能更糟一些。去读一下托马斯·莫尔（Thomas More）的《乌托邦》就能知晓一切。贪婪、执迷于权力、道德败坏、身着过度奢华制服的人们，更经常在政府体系中攫取重要地位。我个人的观察结论，正是社会保障和社会公义的缺失，导致了所有事物和所有人都不得不采用"只追求自我利益"和"只争取竞争胜利"的运作模式，所有的个人、家庭、社区、公司、行业和机构，无不如此。虽然在历史上，社会保障的缺失是技术创新、科学发展和文化（积极方面的）进步的主要推动力，但在社会可持续发展领域却面临失灵，并阻碍实现我们"共同的未来"。受宗教支持/协助的统治阶层，经常狡猾地把促进社会可持续发展的责任加在社会的个体身上。他们拒绝正视眼下迟缓社会对人类行为的重要影响，甚至拒绝承认"社会"是一个能发挥巨大作用的独立实体。通过这些否认，这类社会领袖把实现更好生活的责任都转加在个人头上，全然不顾他们作为社会领袖，有责任尽一切努力让当今社会经济体系从迟缓、低效的泥沼中摆脱出来。显然这些责任对上层社会来说实在太危险了，因为他们可能在社会变革中丧失原有的特权，因此他们就只是一遍又一遍地片面强调个人的责任。然而不幸的是，我们可以发现，大部分已受误导的民众总是在重复这类口号："人类生而有罪、贪婪又自大。"更糟的是，他们相信这些鬼话！同时，那么多普通人居然能过着死水般平静的生活，或者至少希望去过这种沉寂的生活，而全然不顾自己的基本权力和需求。换言之，这正是问题的所在，全世界数以亿计群众的目标仅仅是在恶劣情况下实现生存。主流机构坚持推断，极端贫困人口的比例在下降，而真相更可能是，极端贫困人口的绝对数量却在上升，这是整个社会面临的难题。我相信，作为渺小脆弱的凡夫俗子，在一个从腐朽历史桎梏中摆脱出来的社会里，每个人都会变得更好，而这如果得以实现，则会成为人类最大的贡献。对于每个新生儿来说，社会可以被视为孕育其道德和精神成长的子宫，虽然这个子宫的质量和真正的子宫没法比。这个观点跟联合国环境与发展委员会布伦特兰夫人（Gro Harlem Brundtland）在其最终报告《我们共同的未来》所述的结论一致。

虽然这份报告已经出版超过25年（1987年出版），我依然极力推荐大家参考它。因为委员会明确指出了绝对正确、不能否认的事实真相。例如，布伦特兰夫人（Gro Harlem Brundtland）这样解释"可持续发展"一词："人类有能力实现可持续发展，既满足当代人的需求，又不对后代人满足其需求的能力构成危害。"委员会明显考虑到了所有人，包括穷人，甚至说尤其是穷人。针对贫穷问题，布伦特兰夫人（Gro Harlem Brundtland）宣告："贫穷本身不仅是一种罪恶，可持续发展的理念要求满足所有人的基本需求，并给所有人追求更好生活的权利。就像身怀病灶的人容易生病一样，存在贫穷的社会总是倾向于发生生态或者其他类型的灾难"。不仅如此！本质上讲，布伦特兰夫人（Gro Harlem Brundtland）号召所有人，无论当代的抑或未来的，共同去创造一个可以追求"幸福、和谐和公义"的社会。其观点暗示，我认为和明说没什么区别，我们要去消除社会的诸多"疾病"，特别是那些与不公平、不公正相关的，无论这些疾病是来自遗传还是新近产生。布伦特兰夫人（Gro Harlem Brundtland）从本质上指出，需要提高社会的道德质量，而不是去要求提高个人的道德水准。因为委员会相信，"人类个体是最重要的社会资源。提高教育、医疗和营养水平能促进实现人力资源的优化使用，拓展更广阔的未来"。即使这些号召都是道德的，他们清醒地意识到，如我前文所述，人类行为是与社会的道德质量相关的。他们一方面同意托马斯·莫尔（Thomas More）的"乌托邦"，另一方面也同意德日进（Teilhard de Chardin）的哲学，即人类已经到了向更高阶层进化的决定性时刻。我会在下面作进一步阐明。

## 四、面向更高层级的社会转变，机遇与风险共存

70年前，德日进（Teilhard de Chardin）说到"我们这一代人，有幸目睹

了生物进化方式上的一个重大转变，即人类自我推动的进化"。而在2014年，我们事实上见证了过去70年间众多难以置信的人造事物在社会的各个领域涌现。现在人类创造的脚步没有停下，甚至以更快的节奏进行着。我们可以假想之前创造出的或者未来即将被创造出的每一件事物已经从历史的源头起就潜在的"存在"了，只是要等到环境和条件足够成熟后，才真正出现。我认为这也是德日进（Teilhard de Charding）所暗示的。事实上，为什么不会是这样呢？宇宙、生命及与其相关的所有奥秘是可以想象的，无限且永恒。因此在宇宙的起源，我们可以说，事情有无限种发展方向，在每一个方向上又存在无穷的可能性。看起来可以说，在众多无限可能性中，最终只占超级小概率的可能性在真实世界发生，从而潜在可能成为了现实。生命在特定方向上的每一次进化，都关上了通向无限可能性的大门，但与此同时，未来依然还有无限可能性存在。考虑到"由可能成为现实"的角度，未来发展的可能性是无限的。同时我们现在知道，这些无限发展可能就在我们手中。基于已经存在的众多先进设施，人类未来对生命奥秘的探索和发现必然进入更高水平。因此，下一代们可以指望（至少可以期待）未来他们能在技术、文化、社会、精神等各个层面上会拥有更多人造产物。

　　希望前文的论述能清晰表明，环境保护领域已经取得显著进步。多种基于自然生物矿化和合成过程的新型处理系统得到研发和应用，例如高效厌氧技术。这些厌氧系统在众多领域尤其是工业废水领域中的成功应用，促使社会越来越强调对污染防治技术（Pollution、Problem、Prevention，P3）和资源回收再利用技术（Resources、Recovery、Reuse，R3）的研发和应用，并取得了成功。环境保护的技术路线逐渐接近可持续的物质闭合循环。可惜的是，目前这个情况更多发生在工业领域，而非公共卫生领域。不过，既然这些技术路线可以在多个层面为用户带来益处，酒香不怕巷子深，公共卫生领域迟早也会了解这些情况，从而使其在其他领域和地区也得到应用。简言之，我想说的话是："传统制度桎梏不断妄图选择和推动不可持续技术的应用，而对可持续环保技术的应用设置诸多限制和阻碍，这一切都终将走向终结"。可以注意到，类似自然界，人类社会有时候在很短时间内就会发生急切的变革，即所谓的"历史拐点"。我认为我们可以期待环境保护领域也将发生类似的事情，我们可以预期大量可持续环境保护技术突然间得到同时应用。我同时相信，环境保护领域发生的这些成功经历会促进其他社会领域类似的变革，比如食品生产领域、健康医疗领域和能源供给领域。反之，情况亦然。这给所有阶层的所有人都带来希望。比如在（可再生）能源领域，提供廉价可再生能源的潜在机会是巨大的。近些年来研发的节能技术和厌氧环境保护技术都有助于此。看起来很快我们就能享用世界范围内的廉价能源，且其供给将非常稳定，以及享用几乎来自各地的各种优化后集中式（或分散式）的系统设计。

追求和打造一个更可持续的社会，是人类自诞生起就拥有的本性之一。在富有良知的民众支持下，更多地以自下而上的形式出现。与我们远古的祖先相比，我们拥有难以置信的工具，来为所有人提高社会质量。这方面的状况看起来变得越来越好。不幸的是，与历史经验一致，在推动社会质量提高的过程中我们面对诸多阻力，主要来自有权势的利益集团和/或机构。同时也需要意识到，我们的科学、技术和文化成就还需加强。这些都意味着人类未来发展所面临的风险。忙于从富集资源中生产化石能源的巨型公司和机构认为其利益是优先的，因此就毫不道德、也毫不理性地妨碍以发展替代性能源为目标的新型技术。随着绿色屋顶运动在社会上的兴起，这类创新技术不断涌现。而这些能源公司（通常是跨国公司）则愈加紧张，他们发现自己失去了阻碍绿色屋顶运动的能力，例如过去常散布误导性信息。促进绿色屋顶运动的一个决定性因素是让大众获得知情权。社会大众需要亲眼见到、亲身经历这些以公共利益为目标的，经济、科技和文化进步所带来的益处，某种意义上说，公共利益就是他们自身的利益。而这将鼓励他们参与到所需的变革中来。这才是政府机构应承担的角色，而非去为跨国公司的利益而服务，他们应该把更多注意力放在实现"真正的社会保障"和合作共赢的行动上。不幸的是，障碍和阻力无处不在，甚至于人们会片面认为自己的行为是高尚的，虽然长期来看带来的却是灾难性影响。

其中一个主要的危险因素是普通大众害怕（或者好点的情况，因某些原因而被动害怕）支持剧烈的变革。比如那些终止激烈竞争的变革，而这些过度竞争正是妨害合作性生活模式的主要障碍。这谁能否认？考虑到人类历史上诸多类似变革的失败记录，他们担心创新变革的风险太大。道德败坏的社会领袖不停地向社会大众灌输增强这种担忧，因为在分化大众和令大众沉默上面，这是如此有效的办法。同时，他们争辩竞争的重要性，诡辩人类是因为竞争才取得了目前的社会成就。他们竭尽所能地阻止合作型生活模式获得展现自己优势的机会，不仅在技术、科学和文化领域，在道德领域亦然。

## 五、如何实现所需的剧烈变革？

这个问题里其实还嵌套着问题。布伦特兰夫人（Gro Harlem Brundtland）已经作了很多推荐，多个世纪之前的托马斯·莫尔（Thomas More）亦然。我认为最关键的一步是告知人们，那些革命性社会变革失败的真正原因是什么，以及为何还要不断进行看起来希望渺茫的尝试。答案很明显，历史经验教训已经告诉我们，领袖们通常并不是道德高尚的人。社会大众很容易被误导，政府机构很清楚这一点，并反复利用这一点来愚弄大众。例如，我们都见证他们如何把"气候变化"和/或"生物多样性丧失"列为人类面临的主要威胁，而真正的危机其实是由于社会保障缺失而在世界各地引发的深远影响，富人阶层资源过度消耗型的生活模式，和社会科技成果的滞后性滥用及垄断。

> "眼下这个世界所有富饶的国度，上帝保佑，在他们身上除了富人之间的共谋，别的我什么也看不到。"
> ——托马斯·莫尔（Thomas More）《乌托邦》

看起来人类不得不做出明确选择："是选择目前这个面临崩溃的社会系统，还是飞跃进入可持续的社会模式？"一些人，包括我，开始质疑目前所谓的劳动力市场。仔细想想，这是一个什么样的市场啊？这其实已经不是什么新鲜论断：1936年John Maynard Keynes在其书作《雇佣制度的基本原理，利润和金钱》中讲，技术和科学的进步会使人类在未来大幅降低工作时间。至少他是这么希望的。现在比以往任何时间都值得来重新思考他的观点。我们所面对问题的本质是："缺少真正有意义的劳动雇佣机会如何给社会带来了麻烦？"如果我们能分享有价值工作中的一部分，并创造出新的重要工作机会，那雇佣对人类来说就是一种庇佑，而非灾难。在下列领域可以创造出诸多可持续的新工作机会，包括教育领域，培训促进发展个人天赋领域，在科学、文化、精神领域，健康保障领域，循环经济发展领域，如闭合水循环和其他物质循环。后者打开了通往可持续社会的大门。

在前述章节中我举了几个环境保护领域令人振奋的例子，我们在其中投入了热情工作。其他领域还有大量示例，比如可再生能源、农业和食品生产。我们注意到大量自下而上合作型运作模式不断出现。这将在社区和地区水平带来更高程度的自给和稳定，而这正是目前快速全球化的世界所需要的。除此之外，一些个人、团体、机构开始思考一种实现社会变革的可能性，即基于以下原则，包括分享生育有价值的劳动力，为所有居民提供生存所需的基本条件等。这种模式，尤其是对欠发达国家和地区来说，是否太过于托马斯·莫尔（Thomas More）式的乌托邦？很明显，对于那些过程中会丧失了大部分特权和多余财富的人来说，风险非常高。这让我回到Keynes的思路。他的措施是否不现实？我认为，社会大众会逐渐意识到，目前的社会体系根本无法解决"劳动雇佣"问题，而失业率的威胁往往成为掌控市场的大公司为自己谋利的工具。私人和公共领域的领导者们只会需求短期解决方案。他们寄希望于科学家和科研机构，希望找出创造工作机会的创新，来刺激短期经济增长。这创造出大量浮于表面的，没有意义和价值的工作岗位。但这些都是权宜之计，其实我们压根不需要这些东西。下一波危机即将来临，需要普通大众和领导者们一样，知道或者至少预期将会有场更严峻的危机。看起来只有少数人敢于或者愿意去谈论这场危机，而大部分人仅闭上了自己的眼睛，掩耳盗铃。但事实上，就像Bundtland的观点所述，我们在社会每一个领域都应该尽一切可能去提前阻止问题的发生。毕竟除了那些少数妄图从混乱中牟利的人之外，阻止问题的发生对社会大部分成员都有益处。因此，我认为可以得出结论，导致目前民主处于滞后状态的主要原因是有缺陷的领导。目前我们尚未找到合适的机制来遴选出视野卓越、作风廉洁的领袖，我们也尚未建立有效监督他们的机制。少数具有进取型思维的候选人很可能缺少雄心和勇气，他们可能太温和、太胆小。

不过，鼓舞人的进展也是有的。例如最近Skidelsky的父子对话新书《多少财富才够》。书中所言与Keynes和托马斯·莫尔（Thomas More）的观点一致，我们应该学会以享用和体验的形式，充分利用我们的空闲时间。摒弃过往建立在物质消耗基础上的模式，他们鼓励人们思考不同的新型生活方式。因此，貌似有理由对提升社会质量保持一定的乐观。

> "悲伤于数百年后我们不复存在，就像悲伤于百年前我们尚未存在一样愚蠢。"
> ——蒙田

至于"当步入可持续社会后，人类是否成为道德上更出色的生物种族"这一问题，我是持否定态度的。承认人性的软弱不是坏事，这样我们会更有动力去追求自我提升，正如布伦特兰夫人（Gro Harlem Brundtland）所言，去追求社会质量的提升。我们需要的社会类型，要能够为我描绘的进一步发展提供吸引人的、具有现实意义的切入点，这也是实现最广阔意义上的可持续环境保护所必需的。无论人类是否会成为更好的生物种群，我相信基于社会质量的提高，人类的行为会更出色，这对我来说就足够欣慰了。我们也不妨猜测人类能实现获得更多进步，这是件好事。

## 六、基于可持续社会，人类将进化到全新的阶段？

作为一个基督徒，德日进（Teilhard de Chardin）不反对猜测生命进化的终点，并描绘了所谓的Omega点，这也是根据基督教义，"来世"降临的时刻。没有宗教信仰的人们并不相信"来世"的存在，对他们来说，有价值的生命就是为优化合理的社会进化过程做尽可能多的贡献。既然个人生命在时间尺度上非常有限，或者也正是因为此，人们并不需要期待"来世"降临这种说辞的安慰。生活在和平和社会保障的环境中，人们感恩并尽可能地推动人类社会的进化历程。人类种族似乎已经进入最困难的过渡期。

忽略自1976年以来我学术生涯中具体发生的种种细节，我将这段历史比作向可持续发展乌托邦社会发射了一枚多级火箭。第一级火箭带来了高效厌氧技术的研发和应用，第二级带来了NBM&S处理理念，第三级带来了补充性质的污染防治技术（Pollution、Problem、Prevention，P3）和资源回收再利用技术（Resources、Recovery、Reuse，R3），第四级将带来环境保护的可持性模式。之后利用能源供给、粮食生产和教育等其他领域的类似进展，下一级火箭将带我们接近可持续的人类社会。那是一个存在充分的安全保障，和平且稳定的社会。猜测目前难以置信的进化历程将把人类社会带向何方是件很具挑战性的事。考虑到目前掌握了如此惊人的知识和技术成就，人类看起来有机会进入生命进化的新阶段。为了这个崇高的目标，无论何时何地，我们首先必须有能力让所取得的社会成果服务于整个社会所有人。如果我们没能做到这一点，进化历程的结局将会进入欠成熟、欠完美的分支。如果这个局面真的发生，那将完完全全归咎于人类自身的愚蠢，或者说一小撮社会掌权精英的愚蠢。而生命进化，则将讲述另一个方向的故事。

# 后 记

NBM&S路线与诸多物质元素循环有机结合，共同组成了废水和废弃物可持续处理的主要流程。我将厌氧过程视为该流程的核心，因为厌氧过程实现了有机物质的生物降解，最终转化生成沼气，同时也促成了矿物元素从死亡有机体内的释放。该领域的研究是我们在20世纪70～80年代的工作重点。从80年代中期以来，我们开始愈加关注研发一些组合系统，这些系统整合了NBM&S路线的生物合成部分，例如（微氧）好氧过程和发酵合成过程。从而为实现基于物质闭路循环的废水废弃物资源回收和利用（Resource、Recovery、Reuse，R3）提供了光明前景。如果有必要，还可以在组合系统中使用物化技术和深度处理技术。再结合适当的废水废弃物收集和运输系统，以及重视环境污染控制的策略（Pollution、Problem、Prevention，P3），竭尽吾辈之所能，人类社会最终一定能够实现可持续的环境保护。

在过去40～50年间，上述相关技术的研发和推广都取得了大幅度进展，技术背后微生物学和生物化学领域的认知也不断深入。全世界范围内快速增长的研究组都为之做出了贡献。就我个人而言，能够在历史初期见证这些无与伦比的进展，简直是一项难以置信的特权。或许也正是因为如此，我更加深刻地意识到，实现可持续环境保护的困难之处，不在于技术层面，而在于社会层面。当然另一方面，技术和科学层面的挑战依然大量存在。我们研究组的所有成员，尤其是博士生、科研助理和硕士生们，成功取得了一些进展，但很明显，路漫漫其修远兮，还有大量复杂问题有待解决，我们尚需要长期的、跨学科的合作和努力。揭示事物的根源不是件容易的事，我们在推行优秀环保创新技术时所遇到的社会阻力就是个明证。在任何领域，"揭示根源"都是一项重要使命。进一步提高社会生活质量需要了解历史根源，若要预防社会陷入抛弃根源后的无尽绝望，更需要重视历史根源。

在荷兰，创新的NBM&S处理系统在工业废水处理领域得以顺利推广应用，相同的情形很快发生在其他一些国家。然而，除了巴西、墨西哥和印度外，相

## 后 记

同的情形在公共卫生领域却没能发生。造成这个结果的一个重要原因在于公共卫生领域里"耗费大量洁净水"的模式大行其道，主要问题在于20世纪中叶以来冲水马桶的大规模推广使用。这个有欠思考、灾难性的推广应用，虽然得到市民的支持，却导致了市政废水的极度稀释，从而阻碍了厌氧技术的应用，也妨碍了废水所含资源的回收利用。为了从这个灾难性的、不可持续的模式中摆脱出来，公共卫生领域的社会决策者们需要直面布伦特兰夫人（Gro Harlem Brundtland）在《我们共同的未来》中提出的建议。那才是实现社会可持续发展的唯一途径。社会可持续发展成为了我愈加关注的议题，我不能、也不想否认，思考"为什么，以及如何才能实现社会可持续发展"是极其重要的，这也符合我所敬重的两位哲学家，德日进（Teilhard de Chardin）和托马斯·莫尔（Thomas More），他们的思考和观点。神奇的进化历程最终将把人类引向何方呢？猜测这个问题的答案很有挑战性，但无论结局如何，有一点毫无疑问，那就是，人类的归宿取决于我们人类自身的选择。从某种程度上讲，我们有责任利用目前所拥有的令人惊叹的科学、技术和文化成就，来为全人类谋求共同的福祉。

# 致 谢

对我来说，过去40年如梦幻一般，充满了挑战性的科学探索、学术教育和针对厌氧及后处理技术的应用推广。我想对所有为我们研究组所取得成就做出贡献的人们表示感谢。首先是博士生、博士后、项目工程师和硕士生们，他们充满灵感、富有创造力、极具建设性，同时也拥有优秀的批判性辨证思维。其次，从各个方面来讲，我们都离不开来自学院的同事、技师、秘书和实验室辅助人员的奉献。我们共同度过了一段梦幻般的时光，虽然有时日子过得并不容易，但在遇到困难时，我们总是能够彼此依靠。我同时也要感谢瓦赫宁根大学其他院系同事的付出，尤其是那些来自微生物学、胶体化学和工业控制领域的同事，以及国内外其他高校、研究所、政府部门和公司的合作者们。我们共同努力，一起成功地把NBM&S技术路线推动到了其应得的重要地位。这将极大促进可持续环境保护的实现，同时我也相信，这将指引人类社会走向真正可持续发展的道路。

关于这本书的写作，我必须承认，我高估了自己的能力。不过一旦动笔，就要有始有终，我要求自己必须坚持完成本书，即使过程中时不时会对自己产生巨大怀疑。最终我还是坚持下来了。无论动笔之初抑或现在，我都相信，人在暮年，摆脱了个人利益的束缚，用最后的努力来回顾评价自己学术生涯的得与失、成与败，是一件有益于社会的事情。与我此前人生的诸多时光一样，在本书写作过程中，Dora是我的精神支柱。她一直鼓励我，应该像弟妹Nora一样，让本书写作过程拥有一个完美的结局。我同时要感谢Marjo Lexmond给予我的精神支持，感谢Miriam van Eekert提出的重要评价和那些我不总是能接纳的建议。我也非常高兴Lettinga基金会支持本书的出版。最后，感谢Vassilis Zambaras校正了本书早期书稿的英文文法。

Gatze

# 附录 I　　名称缩写列表

| 英文缩写 | 英文全称 | 含义 |
|---|---|---|
| AWWT | Anaerobic Waste Water Treatment | 厌氧废水处理 |
| AeWT | Aerobic waste water treatment | 好氧废水处理 |
| $Ae_{micr}$ | Micro-aerobic | 微氧 |
| $Ae_{micr}$WT | Micro-aerobic waste water treatment | 微氧废水处理 |
| $Ae_{micr}$-S | Micro-aerobic sulphide oxidation | 微氧硫氧化 |
| AAFFEB | Anaerobic Attached Fixed Film Expanded Bed | 厌氧固定膜膨胀床 |
| AF | Anaerobic Filter | 厌氧滤池 |
| AD | Anaerobic Digestion/Degradation | 厌氧消化/降解 |
| Advies bureau Arnhem | (former) Consultant in EP-technology | 环保技术咨询公司 |
| AnDi | Anaerobic digestion | 厌氧消化 |
| AnWT | Anaerobic waste water Treatment | 厌氧废水处理 |
| AIC | Indian Consultant Company active in waste water treatment | 印度废水处理领域的咨询公司 |
| AVEBE | Dutch Cooperative Potato Starch Company | 荷兰淀粉企业 |
| Bareau B.V. | Company active in Sustainable Technology | 可持续技术领域的公司 |
| Biothane Int. B.V. | Leading internationally active company in AnWT & post treatment | 厌氧废水处理和后处理技术领域国际领先的公司 |
| BOD | Biochemical Oxygen Demand | 生物需氧量 |
| BMZ | German Ministry of Development Aid | 德国发展援助部 |
| CCS | Carbon-dioxide Capture and Storage | 二氧化碳捕集和储存 |
| CenSa | Centralized Sanitation | 集中式卫生处理 |
| CENTEMA | Institute of Environment Technology & Management (Ho Chi Minh City, Vietnam) | 环境技术和管理研究所（胡志明市，越南） |
| CETESB | Environmental, Sanitation Technology Agency of Sao Paulo State | 巴西圣保罗州环境卫生技术署 |
| Colson B.V. | Company active in UASB-technology | 推广UASB的公司 |
| Cosan | Brazilian Bio-ethanol & sugar producing company | 巴西生物乙醇和糖料生产公司 |
| COD | Chemical Oxygen Demand | 化学需氧量 |
| CSM | Dutch Private Sugar Beet Company | 荷兰私营糖蜜企业 |
| CSTR | Completely Stirred Tank Reactor | 全混式反应器 |
| DeSa(R) | Decentralized Sanitation (and Reuse) | 分散式卫生处理（和回用） |
| DGIS | Dutch Government Development Aid Organization | 荷兰政府发展援助组织 |

续表

| 英文缩写 | 英文全称 | 含义 |
|---|---|---|
| DHV | Dutch internationally active engineering & consultancy in EP | 荷兰在环境保护领域国际领先的工程咨询公司 |
| DO-Clarigester | Dorr-Oliver Clarigester system | Dorr-Oliver 系统 |
| DSM | Dutch Global science based company in health nutrition & materials | 荷兰从事健康营养的国际科技公司 |
| ETE-department | Environmental Technology Engineering department, WUR | WUR 大学的环境技术工程系 |
| EGSB | Expanded Granular Sludge Bed | 膨胀颗粒污泥床 |
| EMCALI | Municipal Authority of the City of Cali | 哥伦比亚卡利市政署 |
| EP | Environmental Protection | 环境保护 |
| $EP_{sus}$ | Sustainable EP | 可持续的环境保护 |
| EPRC | Environmental Protection & Resource Recovery | 环境保护和资源回收 |
| Euroconsult | Dutch internationally active Consultant in water and natural resources | 荷兰在水处理和自然资源领域的国际领先咨询公司 |
| $FB_{an}$ | Anaerobic Fluidized Bed | 厌氧流化床 |
| GB | (former) Gist Brocades Company, Delft | Delft 市的（前身）Gist Brocades 公司 |
| GLS | Gas-Liquid-Solids separator | 气液固三相分离器 |
| Greenhouse-village | Integrated tackle of NBM&S, solar energy generation & storage and R3-practices | 整合了 NBM&S 理念、太阳能利用及储存、和 R3 原则的综合设计 |
| Grontmij B.V. | Dutch internationally active consultant in e.g. EP & energy | 荷兰环境保护和能源领域的国际领先咨询公司 |
| GTZ | German Development Aid Organization | 德国发展援助组织 |
| $H_2O$ | Dutch branch journal on water & waste water treatment | 荷兰关于给排水处理的期刊 |
| Hydro Thane | Group of companies specialized in industrial waste water & solid waste treatment, e.g. AnWT/AnDi | 利用厌氧等技术从事工业废水和固废处理的公司联合体 |
| HUSB-reactor | Hydrolysis Upflow Sludge Bed reactor | 升流式水解污泥床反应器 |
| IBVL | (former governmental) Institute of Conservation and Processing Agricultural products | （前身）农业产品保护和处理研究所 |
| KSH | Koninklijke Scholten Honig, former Dutch private starch-food company (till1978) | 名为 Koninklijke Scholten Honig 的荷兰私营淀粉食品公司（1978年前） |
| KFW | German organization 'Kreditanstalt für Wiederaufbau' | 德国名为"Kreditanstalt für Wiederaufbau"的组织 |
| KWR | Dutch Water Recycle Research Institute | 荷兰水循环研究所 |
| Landustrie B.V. | Construction contacting company in wastewater treatment B.V. e.g.DeSar-tackle | 废水处理包括分散式处理领域的工程建设公司 |
| LeAF | Lettinga Associates Foundation | Lettinga 基金会 |

续表

| 英文缩写 | 英文全称 | 含义 |
| --- | --- | --- |
| LUCAS-techology | UASB-type reactor commercialized by Waterleau company | 由Waterleau公司商业化的UASB类型的反应器技术 |
| IRAMCONSULT | Indian consultant in waste water treatment | 印度废水处理领域的咨询公司 |
| IBVL | (former)Governmental Institute Storage and Processing of Agricultural Products | （前身）农产品储存和处理研究所 |
| IC-reator | Internal Circulation reactor (version of EGSB-system of Paques B.V.) | 内循环反应器（帕克公司研发的EGSB系统版本） |
| IHE | Unesco Institute for Water Education, Delft | 联合国教科文组织的水教育研究所，位于Delft |
| Logen | Canadian company specialized in cellulosic ethanol production | 加拿大从事秸秆乙醇生产的公司 |
| Logen Energy | (former) joint venture Shell and Logen focusing on cellulosic ethanol production | Shell公司与Logen公司联合风投成立的从事秸秆乙醇生产的企业 |
| IRI | Interuniversity Reactor institute, Delft | 大学内反应器研究所，位于Delft |
| HCWW | Holding Company for Water and Wastewater (Egypt) | 给排水控股公司（埃及） |
| NBM-route | Natural Biological Mineralization route | 自然生化矿化路线 |
| NBM & S-route | Natural Biological Mineralization & Synthesis route | 自然生化矿化与合成路线 |
| NBS –route | Natural Biological Synthesis route | 自然生化合成路线 |
| MGD | Millennium Development Goals | 联合国千禧年发展计划 |
| NETFO | Netherlands Environmental Education Foundation | 荷兰环境教育基金 |
| NIOO | Dutch Research Institute for Ecology | 荷兰生态研究所 |
| Paques B.V. | Dutch internationally active company in e.g. AnWT, Sbio-cycle based processes & resource recovery | 荷兰在厌氧废水处理、生物硫循环和资源回收领域国际领先公司 |
| Paqell B.V. | Joint venture of Paques B.V. and Shell applying the Thiopaq technology | Paques公司与Shell公司联合成立从事Thiopaq技术推广的公司 |
| PC -treatment | Physical-Chemical treatment | 物化处理 |
| PE | Population Equivalent (pollution strength wastewater) | 人口当量（以废水污染强度计） |
| PROSAB | Governmental Sanitation Research Program Brazilian in Brasil | 巴西政府卫生研究项目 |
| PuSan | Public Sanitation | 公共卫生 |
| P3 | Pollution Problem Prevention | 污染防治 |
| R3 | Resource Recover & Reuse | 资源回收与利用 |
| RAAD | Former 'Governmental Agricultural Waste Service Organization' | 政府农业废弃物处理组织前身 |
| Raizen | Joint venture Cosan and Shell in Brazil producing sugar-ethanol | Cosan公司和Shell联合成立在巴西从事糖类乙醇生产的公司 |

续表

| 英文缩写 | 英文全称 | 含义 |
|---|---|---|
| RECRON | Dutch Association of entrepreneurs in recreation sector | 荷兰娱乐行业企业联盟 |
| Royal Haskoning | Internationally active Project management & Engineering Consultancy | 某国际项目管理与咨询公司 |
| RIVM | Dutch Governmental Institute of Public Health and Environmental Protection | 荷兰公共卫生与环境保护研究所 |
| RWZI-2000 | Joint research program of ministries of Environmental Protection(VROM), Public works and Agriculture & Fishery | 环境保护、公共设施和农业渔业部发起的联合科研项目 |
| SD | Sustainable Development | 可持续发展 |
| $SOC_{sus}$ | Sustainable Society | 可持续社会 |
| SRB | Sulfate Reducing bacteria | 硫还原菌 |
| ST | Septic Tank | 化粪池 |
| $S_{bio}$-cycle | Biological S-cycle | 生物硫循环 |
| $S^o_{bio}$-process | Micro-aerobic sulfur producing process | 微氧产硫过程 |
| $SR_{bio}$ | Biological Sulphate Reduction | 生物硫还原 |
| STOVA | Foundation for Applied Research on Domestic Wastewater | 市政废水应用研究基金会 |
| SWT-plant | Sewage Wastewater Treatment Plant | 污水处理厂 |
| Suikerunie | Dutch cooperative sugar beet company | 荷兰联合糖蜜公司 |
| Taylor Woodrow | Internationally active UK Construction & Engineering Company | 英国从事建筑和工程的国际公司 |
| TBW-company | German NGO active in development Aid e.g. AnWT | 德国从事厌氧废水处理领域发展援助的非政府组织 |
| Thiopaq-technology | Sbio-cycle based technology of Paques B.V. for removing/recovering S-compounds | 基于帕克公司研发的利用生物硫循环去除/回收硫化合物的技术 |
| TNO-leather institute | Applied Scientific Research institute specialized in leather industry | 皮革行业应用科技研究所 |
| TSS | Total Suspended Solids | 总悬浮物 |
| TUD | Technical University Delft | 代尔夫特技术大学 |
| USAID | US international Development Aid organization | 美国国际发展援助组织 |
| UASB-reactor | Upflow Anaerobic Sludge Bed reactor | 升流式厌氧污泥床反应器 |
| UASB-ST | UASB-type septic tank | UASB 式的化粪池 |
| $UA_{ac}SB$-reactor | Upflow Acidogenic Sludge Bed reactor | 升流式酸化污泥床反应器 |
| USB-reactor | Upflow Sludge Bed reactor | 升流式污泥床反应器 |
| USPE-reactor | Upflow Substrate Precipitation & Entrapment reactor | 升流式基质沉降和捕集反应器 |
| UvA | University of Amsterdam | 阿姆斯特丹大学 |
| Univalle | Universidad del Valle, Cali Colombia | 哥伦比亚卡利的大学 |
| Veolia | French internationally active company in (waste)water treatment, energy & transport | 法国从事水处理、能源和运输行业的国际领先公司 |

续表

| 英文缩写 | 英文全称 | 含义 |
|---|---|---|
| VROM | Ministry of Housing, Infra-structure and Environment | 住房、基础设施和环境部 |
| VSS | Volatile Suspended Solids | 挥发性悬浮物 |
| Waterleau-Biotim | Belgium internationally active company in EP, e.g. AnWT | 比利时从事环境保护例如厌氧废水处理的国际领先公司 |
| WETSUS | Center of excellence on sustainable Water Technology | 可持续水处理技术研究中心 |
| WAU | Wageningen Agricultural University (later WUR) | 瓦赫宁根农业大学（后来的WUR） |
| WUB | Law of Univeristy Management Reform | 大学管理体制改革办法 |
| WUR | Wageningen University & Research (former WAU) | 瓦赫宁根研究大学（前身是WAU） |
| ZBB-factory | Corn Starch company, factory in Koog aan de Zaan | 工厂位于Koog aan de Zaan的玉米淀粉企业 |

# 附录Ⅱ　Lettinga教授指导的历年博士生名单

| 姓名 | 毕业年份 | 博士论文名称 |
|---|---|---|
| A.F.M. Van Velzen | 1981 | Anaerobic digestion of piggery waste |
| Willem de Zeeuw | 1984 | Acclimatization of anaerobic sludge for UASB-reactor start-up |
| W.M. Wiegant | 1986 | Thermophilic anaerobic digestion for waste and wastewater treatment |
| S.K.I. Sayed | 1987 | Anaerobic Treatment of Slaughterhouse Wastewater Using the UASB Process |
| Arjen Rinzema | 1988 | Anaerobic treatment of wastewater with high concentrations of lipids or sulfate |
| Cees J.N. Buisman | 1989 | Biotechnological Sulphide removal with oxygen |
| J.A. Field | 1989 | The effect of Tannic Compounds on anaerobic wastewater treatment |
| Iman W. Koster | 1989 | Toxicity in Anaerobic digestion |
| Look Hulshoff pol | 1989 | The phenomenon of granulation of anaerobic sludge |
| Reyes Sierra-Alvarez | 1991 | The role of Natural Wood Constituents on the Anaerobic treatability of Forest Industry Wastewater |
| Grietje Zeeman | 1991 | Mesophilic and phychrophilic digestion of liquid manure |
| E. ten Brummeler | 1993 | Dry Anaerobic Batch Digestion of the Organic Fraction of Municipal Solid Waste |
| Mario Takayuki Kato | 1994 | The anaerobic treatment of Low strength Soluble Wastewaters |
| Lourdinha Florencio | 1994 | The Fate of Methanol in Anaerobic Bioreactors |
| Arne Alphenaar | 1994 | Anaerobic Granular sludge: characterization, and factors affecting its functioning |
| Wang Kaijun（王凯军） | 1994 | Integrated anaerobic and aerobic treatment of sewage |
| Jules B.Van Lier | 1995 | Thermophilic Anaerobic Wastewater Treatment: Temperature Aspects and Stability |
| Andre Visser | 1995 | The anaerobic treatment of Low strength Soluble Wastewaters |
| Renze T. Van Houten | 1996 | Biological sulphate reduction with synthesis gas |
| Albert J.H. Janssen | 1996 | Formation and colloidal behavior of elemental sulphur produced from the biological oxidation of hydrogensulphide |
| Ching-Shung Hwu | 1997 | Enhancing Anaerobic Treatment of Wastewaters containing oleic Acid |
| Eliaz Razo Flores | 1997 | Biotransformation and Biodegradation of N-substituted Aromatics in Methanogenic Granular Sludge |
| Salih Rebac | 1998 | Psychrophilic Anaerobic Treatment of Low Strength Wastewater |
| Anita van Langerak | 1998 | Control of calcium carbonate precipitation in anaerobic reactors |

附录 Ⅱ　Lettinga教授指导的历年博士生名单

续表

| 姓名 | 毕业年份 | 博士论文名称 |
|---|---|---|
| Sjon Kortekaas | 1998 | Sequenced Anaerobic-Aerobic Treatment of Hemp pulping Wastewater |
| Richard Tichy | 1998 | Bioleaching of Metals from Soils or Sediments Using Microbial Sulfur Cycle |
| Ronaldo Petruy | 1999 | Anaerobic treatment of protein, lipid and carbohydrate containing wastewaters using EGSB technology |
| Analiza Palenzuela Rollon | 1999 | Anaerobic Digestion of Fish Processing Wastewater with Special Emphasis on Hydrolysis of Suspended Solids |
| Miriam van Eekert | 1999 | Transformation of chlorinated compounds by methanogenic granular sludge |
| Robbert Kleerebezem | 1999 | Anaerobic Treatment of Phthalates |
| Nguyen Trung Viet | 1999 | Sustainable Treatment of rubber latex processing wastewater |
| Graciela Gonzalez-Gil | 2000 | Conversion of Methanotrophic Substrates in Anaerobic Reactors |
| Tarek Elmitwalli | 2000 | Anaerobic Treatment of Domestic Sewage at low temperature |
| Jan Weijma | 2000 | Methanol as electron donor for thermophilic biological sulfate and sulfite reduction |
| Nico Tan | 2001 | Integrated and sequential anaerobic/aerobic biodegradation of azo dyes |
| Wendy Sanders | 2001 | Anaerobic hydrolysis during digestion of complex substrates |
| Paco Cervantes | 2002 | Quinones as Electron Acceptors and Redox Mediators for the Anaerobic Biotransformation of Priority Pollutants |
| Ahmed Tawfik Ibrahim | 2002 | The biorotor system for post-treatment of anaerobically treated domestic sewage |
| Frank van der Zee | 2002 | Anaerobic Azo dye reduction |
| Nidal Jawdat Al-Haj Mahmoud | 2002 | Anaerobic Pre-treatment of sewage Under low Temperature (15) Conditions in an Integrated UASB-Digester System |
| Jaap Vogelaar | 2002 | Termophilic aerobic post treatment of anaerobically pretreated paper process water |
| Maha Halalsheh | 2002 | Anaerobic Pre-treatment of strong Sewage |
| Chris Marcelis | 2002 | Anaerobic biodesulfurization of thiophenes |
| Paula Loreiro Paulo | 2002 | The fate of methanol in thermophilic-anaerobic environments |
| Shaaban Mrisho Mgana | 2003 | Towards Sustainable and robust on-site domestic Wastewater treatment for all citizens |
| Paula Cavalcanti | 2003 | Integrated Application of UASB Reactor and Ponds for Domestic Sewage Treatment in Tropical Regions |
| Marcus V.G. Vallero | 2003 | Sulfate reducing processes at extreme salinity and temperature |
| Hamed El-Mashad | 2003 | Solar Thermophilic Anaerobic Reactor (STAR) for renewable Energy Production |
| Esnati James Chaggu | 2004 | Sustainable Environmental Protection Using Modified Pit-Latrines |
| Lucas Seghezzo | 2004 | Anaerobic treatment of domestic wastewater in subtropical regions |
| Renato Carrha Leitao | 2004 | Robustness of UASB Reactors treating Sewage Under Tropical Conditions |

续表

| 姓名 | 毕业年份 | 博士论文名称 |
| --- | --- | --- |
| Andre Bezerra dos Santos | 2005 | Reductive Decolourisation of Dyes by thermophilic Anaerobic Granular Sludge |
| Marcel Zandvoort | 2005 | Trace metal dynamics in methanol fed anaerobic granular sludge bed reactors |
| Wilfred Kleinjan | 2005 | Biologically produced sulfur particles and polysulfide ions |
| Peter van de Maas | 2005 | Chemically enhanced biological NOx removal from flue gases |
| Jan Sipma | 2006 | Microbial hydrogenogenic CO conversions: applications in systhesis gas purification and biodesulfurization |
| Huynh Ngoc Phuong Mai | 2006 | Integrated Treatment of Tapioca Processing Industrial Wastewater Based on Environmental BioTechnology |
| Titia de Mes | 2007 | Fate of estrogens in biological treatment of concentrated black water |

# 参 考 文 献

Thomas More（1996，首次印刷于1536年）；乌托邦Utopia，Atheneum-Polak & van Gennep

F.H. King（1911）；Farmers of forty centuries，Permanent Agricultire in China，Korea and Japan. 译者 Sietz Leeflang，De Twaalf Ambachten

Wolfgang Koeck（1962）；*De Nood van de Overvloed*（*Het leven in een technisch geindustrialiseerde wereld*），Aula-boeken，Het Spectrum，1966（Original Titel: Existenz Fragen der Industriegesellschaft），Verlag G.m.b.H Dusseldorf

P. Teilhard de Chardin（1963）；The Phenomenon Man（Het verschijnsel Mens），Het spectrum

J.C. Young，P.L. McCarty（1969）；*The anaerobic filter for wastewater treatment*，Journal WPCF，41，5，R160-R173

Proceedings of AD-conferences，since 1979

G. Lettinga，A.F.M. Van Velsen，S.W. Hobma，W.J. de Zeeuw，A. Klapwijk（1980）；"*Use of the Upflow Sludge Blanket（USB）reactor*". Biotech & Bioeng.，22，699-734

World Commission on Environment and Developments（1987）；"*Our common future*"，Oxford University Press，Oxford New York

Final Report 768471006（1991）；Upflow Anaerobic Sludge Blanket（UASB）Low Cost Sanitation Research Project in Bamndung/Indonesia RIVM（leidschendam，LUW Wageningen），St Borroneus（Bandung/Indonesia）；also published as IHE，final report，February 1991.

A.C. van Haandel，G. Lettinga（1994）；*Anaerobic Sewage Treatment*: A practical Guide for Regions with a Hot Climate. J. Wiley & Sons Ltd，Chichester，England.

B.C. Rittmann，P.L. McCarty（2001）；*Environmental Biotechnology*，Principles and Applications，McGraw-Hill

P.Lens，G. Zeeman，G. Lettinga（2001）；*Decentralized Sanitation & Reuse*，IWA，London

P.L. McCarty（2001）；*The development of anaerobic treatment and its future*. Water Science Technology，44，8，157-176，2001

Carolyn Steel（2008）；"*Hungry City*"，How Food Shapes our lives，London: Chatto & Windus，2008

R.E. Speece（2008）；*Anaerobic Biotechnology and Odour/Corrosion Control*，Archea Press，Nashville，Tennessee 37215，USA

H.H.P. Fang（2010）；*Environmental Anaerobic Technology*，Imperial College Press，2010，London.

Carel ter Linden（2013）；Wat doe ik hier in GODSNAAM?（What am I doing here for God's sake?），Arbeiderspers，Amsterdam.

# 译后记

2015年11月，我邀请Lettinga教授来中国，选在这次行程前夕出版本书，是我为他精心准备的礼物。那时，他已近80岁高龄，此前多次跟我表达过已在尽力减少出远门和参加学术活动。所以，我想邀请他再来一次中国，一是报答师恩，二是再续Lettinga教授与中国之缘，让教授深入了解一下现在的中国。那也是Lettinga教授最后一次来中国，和他一起来的，还有他的夫人Dora。他甚至说这很有可能是他最后一次来中国。因此，我非常珍惜这次旅行，并为此做了精心安排。

组织翻译本书，是Lettinga教授中国之行的第一份礼物。本书是Lettinga教授于2013年在他77岁高龄完成的自传，是对其穷毕生精力发展可持续环境保护工作的梳理和总结。为了能及时出版，2015年春节过后我便组织开启翻译工作，并将本书命名为《通往可持续环境保护之路——UASB之父Gatze Lettinga的厌氧故事》。2015年11月，在Lettinga教授来中国前夕，本书于化学工业出版社出版。我希望借此向大师致敬，也向大师传道授业的情谊致谢。

时光飞逝，出版六年来，整个世界发生了翻天覆地的变化。而中国沼气行业乃至整个厌氧领域，似乎处于停滞和焦灼状态，并无太多突破性进展。2020年我国提出了"2030碳达峰和2060碳中和"的目标，这对中国沼气技术领域尤为重要。我曾在一次论坛上说，2020年是有机废弃物厌氧处理技术发展新元年，中国沼气要有所作为。本书也算是对厌氧界同仁们的一个鼓舞。

近两年来，受疫情影响，面对面的国际交流变得非常困难。Lettinga教授今年也已85岁高龄，再来中国已经很难。我近期前去荷兰探望短期内亦不能实现。这使2015年的旅行显得更加弥足珍贵。因此，基于我与当时参与安排和接待Lettinga教授的几位好友的回忆，和读者分享当时的场景和感悟。

## 第一站：清华自传签赠告别会

### 厌氧之父：他在中国备受推崇

Lettinga教授来京后在清华大学环境学院举行了本书的发布会和签赠仪式。

这是我们准备的大礼中的一件。会上，Lettinga教授发表了演讲，系统阐述了可持续发展的概念，指出了过去污水处理大力发展基于水冲厕所稀释污水、建立庞大的城市管网系统和大型污水处理厂的方向性失误，提出了以厌氧处理技术为核心、以能源利用和资源回收为目标的新的技术路线。他说，固守旧有观念给推行可持续发展理念带来重大挑战，厌氧系统在实现可持续发展上拥有巨大潜力，可持续发展仍然需要政策方面的大力支持（图1）。

图1　2015年11月Lettinga教授参加清华签赠活动并发表主题演讲

发布会现场座无虚席，很多人站在后面只为了一睹Lettinga教授的风采。会后，清华学子们（包括老师们）手里拿着书排着长队请Lettinga教授签名。三十多年来，Lettinga教授每次来中国，都会被学生和学者如此追捧。在清华，学生虽然换了好几代，但是学生们的热情一点不减。

之后我们又为厌氧产业界同仁精心安排了Lettinga教授与读者的面对面活动。事前，我们组织了一场本书读后感的征集活动，并将信笺悉数交给Lettinga教授。接过这些饱含深情的信件，Lettinga教授一边仔细阅读一边感叹不已。这些信件来自全国各地从事厌氧或者相关领域的读者，这其中，既有厌氧界的"老兵"，也不乏在校学子。如今，扎根产业界，他们都是碳中和的生力军。作为Lettinga教授的老朋友，钱易院士专程赶来现场，对书的出版表示祝贺，并在致辞中回顾了过去近三十年间Lettinga教授与中国环境界的长期交流，以及Lettinga本人与清华大学环境学院的友谊。

通往可持续环境保护之路——UASB之父Gatze Lettinga的厌氧故事

### 无心插柳：他与UASB的戏剧邂逅

Lettinga教授的人生中充满了戏剧性。在本书和后期演讲中，Lettinga教授多次提到他的人生充满"偶然性"，这种偶然经由媒体牵线搭桥，变得更加妙不可言。在这里，不得不提起他与厌氧的邂逅。

20世纪70年代，欧盟开始对放射性源进行严格管制。当时，作为一名聚焦物化法处理放射性废水的工程师，Lettinga教授失去了用武之地。1970年，他刚从代尔夫特转战瓦赫宁根大学，不知哪位同事将一本JWPCF（*Journal of the Water Pollution Control Federation*，现名*Water Environment Research*）杂志放到了他的桌上，其中刊登着Perry McCarty的一篇论文，讲述了厌氧过滤（AF）实验。Lettinga当时对水处理领域的生物技术几乎一无所知，读了此文却深感"理论是如此的清晰、令人信服和吸引人"，几乎每一个字都说到了他的心坎上。谁也没想到，就是这次"只是因为人群中多看的一眼"，激发了他对厌氧领域研究的渴望，日后甚至成为其毕生的追求。也是因此，半个世纪后，Lettinga教授在其自传中谦逊地将McCarty称为"厌氧的先驱"。

后来，为了扩大UASB技术在农产品加工废水领域的应用，Lettinga教授接受了荷兰电视台的采访。当时，UASB技术已经成功应用于甜菜糖废水处理。他期望借助媒体，引起马铃薯行业合作社CEO对UASB技术的关注。这时，荷兰一个年轻人打开了电视。电视那头，Lettinga教授正在介绍UASB技术。他被这迷人的技术吸引，马上联系了教授。几十年后，他创立的企业在厌氧技术的发展史上书写了一段传奇。这个年轻人名叫Jos H.J.Paques，他创立的企业与他同名，就是大名鼎鼎的帕克公司。

谁会想到，UASB技术从一本杂志不经意的流浪开始，翻开了历史的崭新一页，又经由一次电视节目的踵事增华，在厌氧发展史上留下了如此浓墨重彩的一笔。

## 第二站：曲阜时空穿越之行

### 有教无类：厌氧大师与孔子的不谋而合

签赠活动后，我和学生一同陪同Lettinga教授和夫人来到了曲阜。孔子是

Lettinga教授一直非常欣赏和推崇的思想家。而此次行程安排厌氧大师与大思想家"谋面",是我有意为之,也想在此圣地向我的老师致敬。

在Lettinga教授的学生中,80%都来自第三世界,有非洲的、中国的、越南的、巴西的,等等。他对所有学生一视同仁,甚至对来自落后国家的学生更加照顾。每年他都会在家里专门组织派对,邀请学生们参加。我记得在荷兰时每年都会有一两次被他带回家里一起过周末,顺便讨论我的论文。这种做法在中国可能容易理解,但是在国外,尤其是在荷兰,邀请学生去家里是非常罕见的。而在当时,受到他如此待遇的外国学生不止我一个。以前,从论文中看到他的每一个学生都是如此优秀,以为这些大都是荷兰本国学生,后来才知道他们居然大部分都是外国学生。这确实让我很吃惊。教育大家孔子一直倡导的教育思想是"有教无类",Lettinga教授确实做到了这一点,也恰是这一思想的伟大践行者。令人欣慰的是,如今他的这些学生们大都回到了自己的祖国,且大都在科研领域表现出色。在我后来的教学工作中,也深受Lettinga教授这一教育理念的影响。

### 泰山论剑:他改变了我们的人生轨迹

从曲阜一路行至泰山脚下,我们在这里举行了一个小型研讨会。我特意带上了我的几位博士生同行,有金正宇、宫徽、徐恒、吴远远、孟尧等,他们的课题都与厌氧相关。我的来自尼日利亚的留学生Giwa博士也参与了此行。看到Giwa,Lettinga教授和我很有默契地对视了一下,一切尽在不言中。除了我的学生,我还邀请了几位好友同行,有陕西来的贺延龄、北京来的张健、济南来的甘海南,他们都与Lettinga教授有密切关系。

甘海南精心准备了一本《十方厌氧生物处理技术应用》画册送给Lettinga教授,并在扉页专门印了几个大字:"致敬Gatze Lettinga教授"。里面的内容是关于十方公司建成的约400多座厌氧反应器,以及Lettinga教授在厌氧领域做出的杰出贡献。教授则欣然将本书送给了甘海南,并在上面签了名字。甘海南感慨:"真正的大师,都是平和而淡泊的。"

一到曲阜,Lettinga教授就将本书送给张健,并当众幽默地问他:"请核对一下中文版,看看凯军翻译得对否?"张健不敢怠慢,当夜就将本书通读了一遍。读后表示,"偶与原文对照,中文版的翻译信达齐全,了不起,我能说出很多很难翻译的细节，中文表述得惟妙惟肖！"这也是对我们翻译团队的肯定。虽此前与Lettinga教授并不相识，张健此行却与先生和夫人一见如故，相谈甚欢，并向Lettinga教授系统介绍了他在中国推行真空厕所源分离的故事和志向。早在德国读书时，张健就对Lettinga教授有所耳闻，并且Lettinga教授是改变其职业生涯和人生轨迹的重要影响者。Lettinga教授创造性地在污水处理技术上做了很多世界级的贡献，但没有申报专利，他清楚认识到解读原理、公理和法则是他作为社会公知的义务，绝不能被某个公司垄断。而公司的知识产权则应该在技术技巧范畴内得到保护。这些风范和理念，细细琢磨，对当下业内从业者也是启迪。毕业以后张健便进入工业界挑起大梁，二十年前回国做真空厕所源分离，成绩斐然。在我看来，他可谓是中国独立挑战源分离的"唐吉诃德式"的勇士。张健对书中关于农民、农村和农业的观点深感共鸣："这也是我们这代人，特别是我们这代中国人，应该认真思考的一个大问题。"一个民族，一个国家，或者一个人，都不能忘记"根源"，失去"根基"。这是Lettinga教授书中的核心观点。张健曾在农村度过短暂的时光，农民的淳朴与辛劳，至今回忆起来都历历在目。而Lettinga教授出生于荷兰农村，他本人也从来没有忘记自己的"根源"，更是身体力行地保护着荷兰农业、农村的"根基"。

大家在泰山脚下围绕厌氧谈笑风生，颇有群贤汇集、泰山论剑的感觉（图2，图3）。事后在给我的信中Lettinga教授这样感慨："我只想说，我们在中国的经历如此不同。遇到了这么多有趣的中国科学家、锐意进取的企业家，和一群受过高等教育的杰出中国学生。是的，就是在中国，年轻人都在努力为伟大祖国贡献着自己的力量。"学生们很兴奋，围绕各自的研究课题，争相向Lettinga教授汇报，进行讨论。这其中，有碳源膜浓缩技术、厌氧发酵瘤胃仿生工艺、原位沼气提纯、基于厌氧产酸发酵的新型厌氧处理工艺研究等。Lettinga教授仔细聆听每一位学生的研究进展，不停点头称赞。显然，他被这群充满了想象力和创造力的年轻人的想法所吸引，他们不断迸发的灵感火花、创新思维与天马行空的想象力更令他惊叹不已。而我，也为此欣慰不已。我的老师和我的学生，他们分别是我厌氧事业的来处和归途。对于老师，有什么比学生将他的智慧传承和发扬光大更好的回报方式呢？对于学生，相信未来这些"后浪们"会比我们做得更好。

译后记

图2 我、学生们及专家好友与Lettinga教授的曲阜之行　　图3 Lettinga教授学习中国书法

## 第三站：在北京周口店回到了起点

隔空对话：周口店"偶遇"心中偶像德日进

在Lettinga教授此次行程中，我特意安排学生带他去了周口店北京人遗址博物馆。也是在这里，Lettinga教授居然发现了他最敬佩的一位哲学家、人类学家和古生物学家德日进（Pierre Teilhard de Chardin）的足迹（图4，图5）。

图4 法国哲学家、人类学家
　　　和古生物学家德日进
　　　（1881—1955）

图5 Lettinga教授及夫人Dora走访周口店
　　　北京人遗址博物馆

说是偶然，其实也是我有意为之。

翻译本书时，我发现Lettinga教授在最后一章浓墨重彩地描述了德日进的理论，并多次表达了德日进对其可持续发展观念形成的影响极为重要。Lettinga教授说，他从20世纪60年代早期就开始读德日进的著作《人的现象》(The Phenomenon of Man)，并视其为"圣经"。而真正读完此书，他用了很多年。为此，他还特意买了两本，一本放在书架珍藏，另一本由于反复阅读，书都快翻烂了，可见教授对此书的喜欢。

在此之前，我几乎对德日进一无所知。翻译时，我和宫博士特意买来德日进的"人类三部曲"认真研读，其中就包括这本《人的现象》。虽然在国内德日进或许并不为人熟知，但在西方他与马克思、弗洛伊德一起，并称为20世纪最重要的三大思想家。一个周末，我带家人去周口店北京人遗址博物馆参观，无意中发现20世纪20年代德日进居然在这里参与过"北京猿人"的发掘。也是经过他的研究鉴定，才确认了"北京猿人"头盖骨为猿人颅骨，从而确认了人类进化过程中猿人阶段的存在。因此，我特意为Lettinga教授安排了周口店之行，希望给他一个惊喜。

他最欣赏的一个思想家，和中国还有这样的联系，这让他十分欣喜。而他们，又都对中国有着如此深厚的情谊。站在德日进的画像前，Lettinga教授会想些什么？是近百年前的景象？还是德日进如何在这里白天观察化石，讨论人类的起源；晚上月光静谧，思考着人类的未来？德日进一生中有23年是在中国度过的。他在中国大地长期进行研究工作，并写下闪耀的书籍。而Lettinga教授，和中国有着如此的缘分并为中国厌氧事业做出了如此多的贡献。通过中国这个纽带，在这里，他和德日进隔空对话、惺惺相惜。

## 见微知著：一切科学问题都可以在哲学中找到答案

我发现一个有趣的现象，国外许多大科学家对哲学有着特殊的偏好。虽然专业背景各异，对于哲学却都有深刻的理解。"大物理学家爱因斯坦去小酒吧"的故事我想很多人并不陌生，据说他的很多科学问题和伟大发现都是在小酒吧里思考并找到的答案。爱因斯坦本人也曾说："与其说我是一个物理学家，不如说我是一个哲学家。"

晚年的Lettinga教授每周也有一个"小酒馆之约"。每周四，他会约几个朋友在阿姆斯特丹的小酒馆里碰面。同行之人的专业领域各不相同，有哲学系教授、数学系教授等。在小酒馆里，他们畅所欲言，相谈甚欢，这其中就包括哲学、社会科学等问题。正如爱因斯坦所说，我想知道的是上帝的想法，其他都无足轻重。Lettinga教授虽然是环保领域一个伟大的科学家，而他对于哲学和人类问题的思考却从未停止过。

和许多当代西方大自然科学家一样，作为环境保护领域的伟大科学家，Lettinga教授充满了悲天悯人的宏大胸怀。他对人类社会的发展给予极大关注，尤其在其专业生涯的后期。例如，他同意德日进的观点：万事万物会有无限种发展方向，而在每一个方向上，又存在无限的可能性。然而，生命在特定方向上的每一次进化，都关上了通向其他无限可能性的大门。与此同时，未来依然存在无限可能。他对世界充满信心，并预期人类社会有时会在非常短的时间内发生巨大的变革，即所谓的"历史拐点"。Lettinga教授怀有这样的美好期望：环境保护领域也将发生类似的事情，大量的可持续环境保护技术，会在某个"历史时刻"得到同时应用。

根据德日进的思想：人类的未来掌握在自己手中。人类已经进入向更高阶层进化的决定性时刻，即所谓的"历史拐点"。但进化历程走入正轨的前提是，人类必须有能力让所取得的社会成果服务于整个社会的所有人。Lettinga教授从环境保护的专业角度出发，深化了德日进的哲学思想，并提出推动可持续发展的下述具体要求：首先，最大程度地保护化石能源和自然资源；其次，通过最大程度的社会保障，关注社会问题，保护社会所有主体，实现社会公平与正义，并且希望年轻一代可以最大程度地得到人力资源的开发；最终，通过创造学习和教育，优化应用科学和技术的成果，使所有人通过分享自然资源受益。

Lettinga教授一直反对脱离对世界上数十亿人类无法获得满足基本期望的生存条件的关注，而讨论生物多样性、保持碳捕获等观点。考虑他提出的三个核心原则，可以设计出"人类优化的进一步发展和开创性发展的最终目标"，走向更优越的生命形式。

从自然界的大量实例和人类历史来看，通过群体合作方式生活的群体，生活质量远远优于以个人兴趣为主导的群体。关于这个观点，在Lettinga教授著名的颗粒污泥的研究中，已经得到证实，他从生物种群推演至人类社会的结构，颇有佛教中"一花一世界，一木一浮生"的意味，以小见大，见微知著。

## 当你老了：人类未来会走向何方？

2015年，恰逢Lettinga教授和夫人的50年金婚。我和学生们为他们进行了庆祝，一年后，我要到荷兰开会，我的学生刘秋琳建议将此行照片做成册子，由我送到他们手中。我想这是2015年Lettinga夫妇来中国访问我能给出的终极礼物。Lettinga教授和夫人收到册子后非常感动，并多次在家庭聚会中拿出来和家人一同翻看。在册子扉页，秋琳精心放了一首叶芝的诗《当你老了》。Lettinga教授虽然是第一次读到这首诗，却非常有共鸣。于是也才有了前面提到的那封给我的信。他的信像诗一样优美，在此分享一个片段的译文：

当我们日渐老去，"将脸庞隐没在繁星中间"（注：叶芝《当你老了》诗句），我只想说，我们在中国的经历如此不同。遇到了这么多有趣的中国科学家、锐意进取的企业家，和一群受过高等教育的杰出中国学生。是的，就是在中国，年轻人都在努力为伟大祖国贡献着自己的力量。这些年轻人成群结队、逐渐走向世界，他们在努力寻找自己的定位，为了更有意义的生活，更为了心中目标的实现。这让我们这些老人，他们的父辈或者祖父辈，满怀期待又心存担忧。问题来了：他们要做些什么？我们希望他们做些什么？世界的命运将会如何？人类的命运又将怎样？这些都是德日进，和其他一些伟大的哲学家们，共同思考的问题。中国，胜于其他任何国家，让我产生了这样的信心和信任，让我相信人类可以成功发展出道德优越的文明，以众生"福祉"为目标的世界，一种注重合作而非恶意竞争的文化。

我满心欢喜，能够为现代厌氧技术的开发与应用尽微薄之力。这实属上天的偶然眷顾，却又恰逢其时，就像我们的许多其他"成就"一样，它们一直在大自然的等候室中静候来者。我们要做的，只是从大自然的无限潜能中，去发掘与收获。

译后记 ◀◀◀

## 智慧传承：照亮更多的厌氧人生

我一边读着信，一边回忆着这些和Lettinga教授有关的往事，一如先生就坐在对面。在炉火的映照下，他的眼神虽然苍老却依然矍铄，闪烁着智慧与慈爱的光芒。30多年前，这束光于我，是夜空中闪亮的星，开启并照亮了一个年轻人的厌氧之路。未来，我也希望这束光可以继续传递，照亮更多的厌氧人生！

王凯军
2021年6月于北京